Wilhelm Emmanuel Ketteler

Das unfehlbare Lehramt des Papstes nach der Entscheidung des vatikanischen Concils

Wilhelm Emmanuel Ketteler

Das unfehlbare Lehramt des Papstes nach der Entscheidung des vatikanischen Concils

ISBN/EAN: 9783743421844

Hergestellt in Europa, USA, Kanada, Australien, Japan

Cover: Foto ©ninafisch / pixelio.de

Manufactured and distributed by brebook publishing software (www.brebook.com)

Wilhelm Emmanuel Ketteler

Das unfehlbare Lehramt des Papstes nach der Entscheidung des vatikanischen Concils

Das

unfehlbare Lehramt

des Papstes

nach der

Entscheidung des vaticanischen Concils.

Von

Wilhelm Emmanuel,

Freiherrn von Ketteler,

Bischof von Mainz.

Zweite Auflage.

Mainz,
Verlag von Franz Kirchheim.
1871.

Mainz,
Druck von Franz Sausen.

Inhalt.

                                                                    Seite
I. Was ist von dem vaticanischen Concil in der ersten Constitution von der Kirche Christi über das unfehlbare Lehramt des Papstes als Glaubenssatz ausgesprochen? 1
II. Was ist in dieser Constitution über die Lehrgewalt des Papstes Neues entschieden, was vor dem vaticanischen Concil noch nicht katholisches Dogma war? 28
III. Wie und wann übt der Papst diese dem Primate anhaftende Lehrvollmacht? 43
IV. Grenzen und Bedingungen der unfehlbaren Lehrentscheidungen des Papstes 51
V. Verhältniß der Entscheidung des vaticanischen Concils über das unfehlbare Lehramt des Papstes zur apostolischen Tradition . 57
VI. Verhältniß des unfehlbaren Lehramtes des Papstes zur Unfehlbarkeit der Kirche 71
VII. Gegner der Entscheidung. — Verhältniß dieser Lehre zum Staat 83

Vorwort.

Ich hatte nicht beabsichtigt, schon jetzt und vor Beendigung des vaticanischen Concils über die Entscheidung bezüglich der Lehrgewalt des Papstes eine Schrift zu veröffentlichen. Wenn ich mich dennoch dazu entschlossen habe, so bestimmten mich dazu folgende Gründe:

Erstens scheint es mir, daß die bisher erschienenen Schriften noch nicht alle Gesichtspunkte erschöpft haben, welche erörtert werden können, um die Lehre des Concils nach allen Seiten hin richtig zu erklären.

Zweitens werden alltäglich so viele und grobe Mißverständnisse über diese Lehre verbreitet, daß ich mich verpflichtet fühle, auch meinerseits, so gut ich es vermag, zu deren Beseitigung mitzuwirken.

Der **dritte** Grund endlich, welcher mich zum Schreiben veranlaßt hat, ist der, daß einige der erschienenen Schriften theils den Gegenstand der unfehlbaren Glaubensentscheidungen des Papstes, wie ihn die Constitution des Concils selbst angibt, nicht scharf genug bestimmt, theils die Kirchenlehre selbst über die Lehrgewalt des Papstes mit theologischen Meinungen, welche mehr oder weniger Gewicht haben, aber immer nur Meinungen bleiben, vielfach vermischt haben, was die Verwirrung Mancher nur vermehren kann.

Auf den Beweis der entschiedenen Lehre aus der Schrift und Tradition gehe ich in dieser Schrift nicht näher ein. Das Material dazu ist in vielen Werken behandelt worden und ließe sich noch leicht vermehren. Meine Hauptabsicht ist, einen Beitrag zur Verständigung und Aufklärung der Lehre selbst zu liefern. Was ihre Begründung aus der Schrift und Tradition angeht, so fehlt es dazu gewiß nicht weder in der einen, noch in der anderen Quelle an reichlichen Beweismitteln. Aber alle Beweis= mittel entscheiden nicht mit jener absoluten Gewißheit, die zur Vereinigung getrennter Ansichten nothwendig ist. Darum aber hat Gott eine Autorität eingesetzt, welche uns den wahren Sinn sowohl der heiligen Schrift wie der Tradition erklärt. Nur in demüthiger Unterwerfung unter diese Autorität liegt der Friede widerstreitender Meinungen. Um aber das Wesen dieser Autorität selbst in der entschiedenen Lehre in das wahre Licht zu stellen und irrige Ansichten zu beseitigen, dazu vor Allem habe ich die Feder ergriffen.

Mainz im Januar 1871.

I.

Was ist von dem vaticanischen Concil in der ersten Constitution von der Kirche Christi über das unfehlbare Lehramt des Papstes als Glaubenssatz ausgesprochen?

Die entscheidende Stelle aus dem vierten Kapitel dieser Constitution heißt: „Mit Zustimmung des heiligen Concils lehren wir und erklären es für einen göttlich geoffenbarten Glaubenssatz, daß der römische Papst, wenn er ex cathedra spricht, d. h. wenn er in Ausübung seines Amtes als Hirte und Lehrer aller Christen kraft seiner höchsten apostolischen Gewalt eine von der ganzen Kirche festzuhaltende Lehre über den Glauben oder die Sitten entscheidet, vermöge des göttlichen Beistandes, welcher ihm im heiligen Petrus versprochen wurde, mit jener Unfehlbarkeit ausgerüstet ist, mit welcher der göttliche Erlöser seine Kirche zur Entscheidung einer den Glauben oder die Sitten betreffenden Lehre ausgestattet wissen wollte, und daß daher solche Entscheidungen des römischen Papstes aus sich selbst und nicht durch die Zustimmung der Kirche unveränderlich sind 1)."

---

1) Sacro approbante Concilio, docemus et divinitus revelatum dogma esse definimus: Romanum Pontificem, cum ex cathedra loquitur, i. e.

Hiernach ist es also ein göttlich geoffenbarter Glaubenssatz, d. h. da die göttliche Offenbarung nach der Lehre der katholischen Kirche mit Christus und den Aposteln abgeschlossen ist, ein uns von diesen überlieferter Glaubenssatz, daß der Nachfolger des heiligen Petrus,

1) wenn er ex cathedra spricht, d. h.

2) wenn er in Ausübung seines Amtes als Hirte und Lehrer aller Christen kraft seiner höchsten apostolischen Gewalt eine von der ganzen Kirche festzuhaltende, den Glauben oder die Sitten betreffende Lehre entscheidet,

3) vermöge des göttlichen Beistandes, welcher ihm im heiligen Petrus versprochen ist,

4) mit jener Unfehlbarkeit ausgerüstet ist, mit welcher der göttliche Erlöser seine Kirche zur Entscheidung einer den Glauben oder die Sitten betreffenden Lehre ausgestattet wissen wollte, und

5) daß folglich solche Entscheidungen des römischen Papstes aus sich selbst und nicht erst durch die Zustimmung der Kirche unabänderlich sind.

Untersuchen wir die fünf Glieder dieser Entscheidung, um ihren Sinn genau festzustellen.

1. Die Aussprüche des Papstes sind also nur unfehlbar, wenn er *ex cathedra* spricht. In allen anderen Fällen nicht.

---

cum omnium Christianorum Pastoris et Doctoris munere fungens, pro suprema sua Apostolica auctoritate doctrinam de fide vel moribus ab universa Ecclesia tenendam definit, per assistentiam divinam ipsi in beato Petro promissam, ea infallibilitate pollere, qua divinus Redemptor Ecclesiam suam in definienda doctrina de fide vel moribus instructam esse voluit; ideoque ejusmodi Romani Pontificis definitiones ex sese, non autem ex consensu Ecclesiae irreformabiles esse.

In diesen ist er der Möglichkeit des Irrthums unterworfen unter denselben natürlichen Bedingungen wie andere Menschen.

Er kann also irren in seinen Privatansichten und Meinungsäußerungen.

Deßhalb ist er namentlich auch möglicher Weise dem Irrthum unterworfen bei seinen wissenschaftlichen und gelehrten Untersuchungen und Arbeiten.

Er ist unter ähnlichen Bedingungen wie die übrigen Bischöfe dem Irrthum unterworfen, wenn er nicht in seiner Eigenschaft als Oberhaupt der ganzen Kirche, sondern nur in seiner Eigenschaft als Bischof von Rom, als Metropolit, als Patriarch des Abendlandes handelt.

Er ist dem Irrthum unterworfen, wenn er als Landesherr die politischen Angelegenheiten seines Landes oder die Beziehungen desselben zu fremden Ländern ordnet.

Mit einem Worte alle seine Handlungen sind der Möglichkeit des Irrthums unterworfen mit Ausnahme einer einzigen Klasse, wenn er nämlich ex cathedra spricht.

Die vorstehenden Sätze geben uns aber nur negative Bestimmungen über den Umfang des unfehlbaren Lehramtes des Papstes, d. h. sie sagen uns, welche Handlungen nicht dazu gehören.

2. Der folgende Abschnitt gibt uns aber positive Merkmale, um zu erkennen, was ein Ausspruch ex cathedra ist.

Es werden hier fünf wesentliche Merkmale aufgeführt. Der Papst redet ex cathedra:

wenn er das Amt eines Hirten und Lehrers aller Christen ausübt;

wenn er hiebei kraft seiner höchsten apostolischen Autorität handelt;

wenn der Gegenstand des Ausspruches eine den Glauben oder die Sitten betreffende Lehre ist;

wenn er über diesen Gegenstand eine endgiltige Entscheidung oder Erklärung gibt, d. h. definirt;

wenn er diese Definition als solche gibt, welche von der ganzen Kirche festzuhalten ist.

Hier können nun zwei Fragen aufgeworfen werden.

Erstens: Müssen diese fünf Merkmale alle zusammen vorhanden sein, damit eine Entscheidung ex cathedra vorliege, und genügt also nicht das Vorhandensein der einen oder der andern? Diese Frage muß ohne Zweifel bejaht werden; denn darüber sind Alle einverstanden, daß, wenn der Papst auch als Hirte und Lehrer aller Christen und in seiner höchsten apostolischen Gewalt handeln würde, der Gegenstand aber den Glauben oder die Sitten nicht beträfe, oder wenn es nicht seine Absicht wäre, eine endgiltige Entscheidung zu geben, und durch sein Urtheil die ganze Kirche zu verpflichten, daß dann auch eine Entscheidung ex cathedra nicht vorläge.

Es müssen also alle jene Merkmale zugleich vorhanden sein und zwar selbstverständlich in einer genügend erkennbaren Weise, so daß bei gutem Willen und redlichem Verfahren kein vernünftiger Zweifel darüber entstehen kann, ob der fragliche päpstliche Act diese fünf Merkmale besitze. Es mag nicht überflüssig sein, dies besonders hervorzuheben. Denn es gibt einen gewissen Geist der Kritik, welcher Dingen, die einem redlichen und einfachen Geiste klar und verständlich sind, Schwierigkeiten anhängt, die in Wirklichkeit nur dann existiren, wenn man schon eine unredliche Absicht voraussetzt. Die Offenbarung, die Kirche und ihre Einrichtungen sind aber für solche Menschen gegeben und erkennbar gemacht, die eines redlichen Willens sind. Wo der fehlt, ist selbst die Kirche, die doch nach dem Worte der heiligen Schrift wie auf einem Berge im Angesicht aller Völker liegt, sind auch die Kennzeichen der Kirche, die heller leuchten, wie die Sonne am Himmel, dem Zweifel ausgesetzt. Alles in der Kirche ist nur für die Menschen bonae voluntatis.

Alle Acte der Päpste, welche also diese fünf Kennzeichen nicht an sich haben, und zwar in einer Weise, daß ein vernünftiger Zweifel ausgeschlossen ist, sind nicht ex cathedra. Dadurch wird das Gebiet der Entscheidungen ex cathedra genau bestimmt.

Eine zweite Frage, welche sich hier erhebt, ist die: Bisher waren die Bestimmungen über den Begiff eines Ausspruches ex cathedra den Theologen und der Wissenschaft überlassen. Sie wurden daher in verschiedener Weise angegeben, obwohl sie alle im Wesentlichen wieder zusammen stimmten. Solche Bestimmungen sind z. B., daß der Entscheidung anhaltendes Gebet vorhergehe, längere Untersuchungen und Prüfungen u. s. w. Andere Bestimmungen beziehen sich auf die Form der Entscheidung, namentlich, ob auch ein Anathem damit verbunden sein müsse. Es kann daher die Frage aufgeworfen werden, ob die Merkmale, welche in der Constitution aufgezählt sind, allein zur Bestimmung des Begriffes eines Ausspruches ex cathedra Geltung haben, oder ob auch die früher von verschiedenen Theologen und Canonisten aufgestellten Kennzeichen noch Berücksichtigung finden müssen.

Darauf ist zu antworten, daß jene fünf Merkmale, welche in dem Decret aufgeführt sind, und von denen das erste und zweite wieder ziemlich zusammenfallen, als die wesentlichen aufgefaßt werden müssen, daß aber auch andere Merkmale, welche die Wissenschaft bisher aufgestellt hat, wie namentlich vorhergehendes Gebet und Untersuchung, als solche anzusehen sind, welche diesen päpstlichen Acten nie fehlen werden, obwohl sie sich der äußern Wahrnehmung mehr entziehen. Wie sehr namentlich die vorhergehende Untersuchung der Streitfrage zum Wesen der Entscheidung ex cathedra gehört, werden wir später näher sehen, wobei wir zugleich aber auch erkennen werden, daß bei der unendlichen Mannigfaltigkeit der Fälle, welche vorkommen können, sich über Umfang derselben durchaus nichts Näheres bestimmen läßt.

Das sind die positiven Kennzeichen einer Entscheidung ex cathedra. Alle Acte der Päpste, bei denen sie also nicht als Lehrer und Hirten der ganzen Christenheit auftreten, welche sich nicht als Handlungen der höchsten apostolischen Autorität kundgeben, welche nicht eine den Glauben und die Sitten betreffende Lehre zum Gegenstande haben, welche keine definitive Entscheidungen sind, welche nicht die ganze Kirche zur Annahme verpflichten, sind keine unfehlbaren Lehraussprüche des Papstes.

3. Das Urtheil des Papstes ist ferner in den eben angegebenen Fällen nur unfehlbar vermöge des göttlichen Beistandes, welcher ihm im heiligen Petrus versprochen ist.

Diese Bestimmung ist von besonderer Wichtigkeit für eine richtige Auffassung der Constitution.

Bemerken wir vor Allen, daß dieser besondere göttliche Beistand dem Papste in der Person des heiligen Petrus nur versprochen ist für seine amtliche Thätigkeit innerhalb der bereits angegebenen Grenzen. Daher lautet auch die Ueberschrift des vierten Kapitels „von dem unfehlbaren Lehramte des Papstes" und in dem Texte der Constitution selbst heißt es, daß der Papst mit der kirchlichen Unfehlbarkeit ausgerüstet sei, wenn er sein Amt als oberster Hirte und Lehrer aller Christgläubigen ausübt. Es ist also dieser göttliche Beistand, der ihn in seinen Lehrentscheidungen vor Irrthum bewahrt, im strengsten Sinne eine **Amtsgnade**, die nur insofern an die Person des Papstes geknüpft ist, als eben das oberste Hirtenamt der Person des jeweiligen Papstes verliehen ist ¹), wie wir dieses unten näher sehen werden.

Hieraus ist ferner sofort klar, daß die Unfehlbarkeit der ex cathedra erlassenen päpstlichen Lehrentscheidungen weder in natürlichen, noch übernatürlichen persönlichen Eigenschaften des Menschen, der eben das päpstliche Amt besitzt, ihren Grund hat, weder in seinen Geistesgaben, noch in seiner Gelehrsamkeit, noch in seiner persönlichen Weisheit und Tugend, sondern lediglich in dem göttlichen Beistande, d. h. darin, daß Gott den Papst, der für seine Person ein gebrechlicher, dem Irrthume unterworfener Mensch ist, unter gewissen Voraussetzungen und in gewissen wichtigen Amtshandlungen, nämlich in den Lehrentscheidungen, die er als oberster Richter und Lehrer in Sachen des Glaubens und der Sitten erläßt, durch seinen Gnadenbeistand und seine besondere Vorsehung vor Irrthum bewahrt.

Daher ist auch die Unfehlbarkeit der ex cathedra erlassenen päpstlichen Entscheidungen unabhängig von der persönlichen Heiligkeit des Papstes. Niemals hat ein Vertheidiger des unfehl-

---

1) Hier wollen wir auf ein arges Mißverständniß aufmerksam machen, das sich an den Ausdruck „persönliche" Unfehlbarkeit des Papstes knüpft. Dieser Ausdruck hat einen richtigen Sinn, wenn man darunter nichts Anderes versteht, als daß eben das Amt eines Hirten und Lehrers aller Gläubigen und der damit verbundene dem Petrus verheißene göttliche Beistand der Person des jeweiligen Papstes und nicht etwa einem wesenlosen Abstractum, das man mit dem Namen „Stuhl Petri" bezeichnet, oder der „Reihenfolge der Päpste" zukomme, wie dieses von Manchen behauptet wurde. Allein es wäre ganz falsch, jenen Ausdruck so zu verstehen, als ob die Unfehlbarkeit eine der Privatperson als solcher eigene Qualität sei. Das Concil ho' den Ausdruck „persönliche Unfehlbarkeit" vermieben.

baren päpstlichen Lehramtes eine Sündenlosigkeit des Papstes behauptet, niemals haben sich die Päpste für ihre Person als etwas Anderes, denn als sündhafte Menschen angesehen. Es ist daher völlig unbegreiflich, wie man behaupten konnte, daß die Unfehlbarkeit des päpstlichen Lehramtes die persönliche Heiligkeit des Papstes zu ihrer Voraussetzung oder nothwendigen Folge habe. Ist ja die Unfehlbarkeit nicht der Ausfluß einer persönlichen Vollkommenheit des Papstes, sondern eine Wirkung des Beistandes, der dem Papste in seinen amtlichen Lehrentscheidungen, nicht zu seinem eigenen Nutzen, sondern zum Besten der Kirche zu Theil wird [1]).

Wie die Wirksamkeit der heiligen Sacramente, da dieselbe nicht in der Person des Ausspenders, sondern in Christus und seiner Gnade ihren Grund hat, unabhängig ist von der persönlichen Heiligkeit des Ausspenders, so verhält es sich auch mit der Unfehlbarkeit des päpstlichen Lehramtes. Zum Besten der ganzen Kirche eingesetzt und nothwendig, wird es in Glaubensentscheidungen durch den göttlichen Beistand vor Irrthum bewahrt, wenn auch der Träger dieses Lehramtes ein unvollkommener und sündhafter Mensch ist. Die entgegenstehende Ansicht aufstellen heißt die alte Irrlehre der Novatianer und Anderer, welche lehrten, daß die Sacramente ungiltig und unwirksam seien, wenn sie von einem Sünder gespendet würden, in einer anderen Form auf das kirchliche Lehramt anwenden.

---

[1]) Die Theologen nennen solche Gnaden und Gaben, die einer Person, zunächst nicht zu ihrem eigenen Vortheile, sondern zum Besten der Gesammtheit verliehen werden, gratiae gratis datae oder Charismen — zum Unterschied von der gratia gratum faciens, welche dem Einzelnen zu seiner eigenen Heiligung gegeben wird. In diesem Sinne nennt das Concil die päpstliche Unfehlbarkeit ein Charisma — veritatis et fidei nunquam deficientis charisma.

Ehe wir nun weiter gehen in der Betrachtung jenes Beistandes, wodurch Gott das kirchliche Lehramt überhaupt und den Papst insbesondere in allgemein verpflichtenden Lehrentscheidungen vor Irrthum bewahrt, wird es zur Aufklärung des bisher Gesagten und des Folgenden nützlich sein, auf die Art und Weise hinzudeuten, wie überhaupt Gott der Kirche seinen Beistand gewährt.

Die ganze Einrichtung der Kirche ruht nach göttlicher Anordnung durchweg auf der Voraussetzung eines göttlichen Wirkens durch Menschen unter bestimmten Bedingungen. Die Sacramente ruhen auf dem Glauben, daß die göttliche Allmacht durch Menschen wirkt, wenn bestimmte Bedingungen vorhanden sind. So die Taufe, so das Sacrament des Altars, so das Sacrament der Buße, der Firmung u. s. w. Immer sind es gebrechliche Menschen, welche diese heiligen Handlungen vornehmen; wenn sie aber dieselben verrichten, ausgerüstet mit der nöthigen Vollmacht, in der Absicht der Kirche und in der von der Kirche vorgeschriebenen Art und Weise, so tritt zu diesen menschlichen Handlungen die göttliche Allmacht hinzu und verleiht vermittelst jener von Menschen gesetzten äußeren Zeichen innerlich wirksame Gnade, wodurch die Empfänger gereinigt und geheiligt und aus Sündern Kinder Gottes, Erben des Himmels und Tempel des heiligen Geistes werden. Deßhalb wird aber nicht behauptet, daß die Menschen, durch welche Gott den Menschen Gnaden spendet, die nur seine Allmacht wirken kann, auch persönliche Eigenschaften besitzen müßten, die nur Gott zukommen, daß sie heilig oder gar allmächtig seien. Was Menschen aus sich nicht können, wirkt in den Sacramenten durch Menschen der Beistand des allmächtigen Gottes, ohne dadurch die menschliche Natur dieser Werkzeuge im Mindesten zu verändern. Nicht zwar gerade so, wie wir uns den Beistand des allmächtigen Gottes bei Spendung des übernatürlichen Lebens der Seele denken, wenn die Bedingungen eines Sacramentes vorhanden sind, aber doch in ähnlicher Weise dürfen wir uns auch den Beistand des unfehlbar wahrhaftigen Gottes bei Bewahrung, Verkündigung und Erklärung der übernatürlichen Wahrheiten denken, welche er den Lehrern der Kirche, dem Papst und den Bischöfen, anvertraut hat, wenn die nothwendigen Bedingungen einer Lehrentscheidung ex cathedra oder des Ausspruches eines allgemeinen Concils vorhanden sind. Nur dieser göttliche Beistand bewahrt die Urtheile der Lehrer der Kirche in den bezeichneten Fällen vor Irrthum, ohne die menschliche Natur des Papstes und der Bischöfe irgendwie zu verändern. Wenn aber auch bei dieser Auffassung des göttlichen Beistandes nicht sowohl die Person des Papstes, als vielmehr das Urtheil seines höchsten Lehramtes unter den früher angegebenen Voraussetzungen unfehlbar ist, so sind doch diese Urtheile, soweit sie dem Primate eigen sind, also die Urtheile ex cathedra, wieder so an die Person des Oberhauptes der Kirche gebunden, daß sie nur und ausschließlich in ihm und durch ihn vorgenommen werden können. Aehnlich hat Gott den übernatürlichen Beistand, welchen er bei Spendung gewisser Sacramente gewährt, so mit dem Priesterthum verbunden, daß er nur dann eintritt, wenn ein Priester diese Handlungen vornimmt.

Dies vorausgeschickt, müssen wir jetzt noch tiefer in das Wesen dieses göttlichen Beistandes und namentlich in den Unterschied desselben von der Inspiration eindringen, weil wir dadurch neue wichtige Gesichtspunkte gewinnen für die richtige Beurtheilung der Constitution.

Bei Darlegung dieser Unterscheidung zwischen den beiden Wegen, auf welchen Gott durch Menschen zu uns redet, nämlich erstens durch Inspiration und zweitens durch göttlichen Beistand, wollen wir Melchior Canus folgen, welcher einer der hervorragendsten Theologen auf dem Concil von Trient und zugleich selbst einer der entschiedensten Vertheidiger der Unfehlbarkeit päpstlicher Urtheile ex cathedra in seiner Zeit gewesen ist. Seine Ansicht kann daher auch jetzt ohne Bedenken befolgt werden.

Melchior Canus entwickelt an der Stelle [1]), welche wir im Auge haben, zwei Gedanken voll practischer Wichtigkeit für die Gegenwart, welche die Controversen, die jetzt so vielfach besprochen werden, in einer Weise lösen, die uns die richtige zu sein scheint. Erstens stellt er den Satz auf, daß sowohl der Papst als auch die Bischöfe auf dem allgemeinen Concil nur dann den Beistand Gottes erlangen, wenn sie zugleich die menschlichen Mittel zur gründlichen Untersuchung der Streitfrage angewendet haben. Die Anwendung dieser menschlichen Mittel ist ihm eine wahre und eigentliche Bedingung des göttlichen Beistandes. Mit diesem ersten Satz verbindet er aber sofort den zweiten, daß Gott sowohl den Papst, wenn er ex cathedra spricht, als auch ein allgemeines Concil durch seine göttliche Vorsehung davor bewahrt, diese nothwendigen Mittel je zu vernachlässigen, und daß es deßhalb nie und nimmer statthaft sei, die Giltigkeit einer päpstlichen Entscheidung ex cathedra oder der dogmatischen Entscheidung eines allgemeinen Concils unter dem Vorwande zu beanstanden, daß der Papst oder das Concil die Sache nicht genügend untersucht und deßhalb auch des göttlichen Beistandes entbehrt habe. Da seine Auffassung so wichtig ist und doch in der Gegenwart nicht hinreichend berücksichtigt wird, so wollen wir seine Begründung um so mehr verfolgen, da wir seinen beiden Sätzen aus ganzer Seele beistimmen.

---

1) De loc. theol. l. 5. c. 5. q. 3.

Canus behauptet also erstens, daß Gott den Papst wie auch die Väter auf einem allgemeinen Concil nur dann vor Irrthum bewahre, wenn sie die menschlichen Mittel zur Aufklärung der Streitfrage angewendet hätten. Folgen wir seinem Gedankengang.

Im Fortgang seiner Untersuchungen über die Autorität der Concilien erhebt er die Schwierigkeit, daß, wenn ein Concil, welches vom Heiligen Vater bestätiget worden sei, in seinen Entscheidungen über Glaubenssachen vom heiligen Geiste geleitet werde, so scheine daraus zu folgen, daß diese Entscheidungen denselben Werth hätten, wie die heilige Schrift, denn so nenne man ja jene Schriften, welche durch Eingebung des heiligen Geistes geschrieben sind. Um diese Schwierigkeit zu beseitigen, sagt er: „Es besteht ein doppelter Unterschied zwischen den Verfassern der heiligen Schrift und zwischen dem Papste und den Vätern eines Concils. Der eine besteht darin, daß die Verfasser der heiligen Schrift aus einer unmittelbaren, sei es Offenbarung, sei es Inspiration Gottes die katholischen Glaubenswahrheiten niederschrieben. Sie bedurften weder einer äußeren Anregung zum Schreiben, noch einer menschlichen Beweisführung oder Untersuchung aus anderen Schriften. Ein Concil dagegen und der Papst müssen den menschlichen Weg der Untersuchung einschlagen, ihre Vernunft anwenden und durch Gründe das Wahre vom Falschen unterscheiden. Man muß sich nämlich wohl hüten anzunehmen, daß der Papst jene Fähigkeit besitze, welche die Apostel, die Propheten und Evangelisten hatten, daß er bei jeder auftauchenden Frage über den Glauben auf der Stelle unterscheiden könne, was wahr und falsch in der Frage sei, sondern er muß vielmehr zuerst sich Rath erholen und die Beweisgründe beider Theile erwägen, dann erst folgt die Hilfe Gottes, welche nothwendig ist, damit der Papst sich in den rechten Grenzen des

Glaubens bewege. Ebenso können die Väter auf den Concilien nicht sofort gleichsam mit Machtvollkommenheit ein Urtheil ohne Untersuchung abgeben, sondern sie müssen durch gemeinschaftliche Berathungen und Disputationen den Gegenstand vorher untersuchen, prüfen und nachdem sie überdies Gott angefleht haben, dann endlich kann die Frage vom Concil ohne Irrthum entschieden werden, so daß in dieser Weise Gottes Hilfe und Gnade und der Fleiß und die menschliche Anstrengung zusammenwirken." Nachdem Canus auf das Concil von Jerusalem und auf das erste allgemeine Concil von Nicäa und die sorgfältigen Verhandlungen mit Arius auf dem letzteren zur Bestätigung dieser Lehre hingewiesen, schließt er dann mit den Worten: „So wurde also nach langen und vielen Verhandlungen durch den wohlbegründeten Ausspruch Aller Arius berurtheilt. Daraus erhellt, daß der heilige Geist den Vätern nicht im Schlafe oder in Unthätigkeit seinen Beistand gewährt, sondern wenn sie mit menschlichen Hilfsmitteln und Vernunftgründen der Wahrheit der Sache, um die es sich handelt, mit allem Fleiße nachgeforscht haben."

Nachdem Canus diesen ersten Unterschied zwischen der Inspiration der Verfasser der heiligen Schrift und dem Beistande, welchen Gott dem Papste und den Bischöfen gewährt, hervorgehoben, geht er zum zweiten über. „Der andere Unterschied, so lehrt er, besteht aber darin, daß der Geist Gottes jenen heiligen Verfassern in Allem und Jedem, selbst in den kleinsten Dingen zur Seite stand, während den Vätern des Concils der Geist der Wahrheit nicht in Allem, sondern nur in den Dingen, welche zum Heile nothwendig sind, Beistand leistet." Nachdem er auch hier Beispiele angeführt hat, schließt er: „Wir haben aber diese Beispiele hier angeführt, damit der Leser erkenne, daß wir anders die Verfasser der heiligen Schrift und anders die Väter eines Concils beurtheilen müssen; daß jene immer Wahres sagen, daß diese aber in Nebensachen irren können. Wenn daher Christus seiner Kirche versprochen hat, daß der heilige Geist sie alle Wahrheit lehren werde, so müssen wir dies auf die Glaubenswahrheiten beziehen, wie der heilige Augustinus sowohl in seiner Auslegung des Johannes-Evangeliums, als im zweiten Buche seiner Verhandlungen gegen Felix ausdrücklich behauptet: denn Christus hat nicht gebetet, daß Petrus nicht in der Philosophie oder in der Erkenntniß der geschichtlichen Thatsachen, sondern daß er nicht im Glauben fehle."

Daraus sehen wir, daß Canus alle die menschlichen Mittel, die sowohl der Papst wie die Concilien bei Untersuchung einer Streitfrage über den Glauben anwenden müssen, als eine wahre Bedingung auffaßt, von welcher die Assistenz Gottes, welche dem Urtheil allein Unfehlbarkeit verleiht, abhängt. Wie sehr dies seine Ansicht ist, wie sehr dem Canus diese menschliche Untersuchung eine wahre conditio sine qua non war, werden wir gleich noch bestätigt finden bei der folgenden höchst wichtigen Untersuchung, zu welcher Canus sofort übergeht. Wir stehen damit vor dem zweiten der oben bereits von ihm erwähnten Sätze.

Er macht sich nämlich gegen diese Lehre, daß der göttliche Beistand dem Papste in den Concilien nur dann zur Seite stehe, wenn sie die menschlichen Mittel der Untersuchung anwenden, den Einwand: „Wenn der Papst und die Concilien, sofern sie keinen Fleiß anwenden, irren können, so können wir, da wir nicht wissen, ob der Papst und die Concilien den nothwendigen Fleiß angewendet, ob sie dafür gesorgt haben, daß die Untersuchung durch die vernünftigen Mittel erschöpft worden ist, auch nicht wissen, ob sie nicht geirrt haben.

So wäre also Alles ungewiß, was sie auch immer entscheiden mögen."

Diese scheinbare Schwierigkeit, welche, wie aus Canus erhellt, schon damals aufgeworfen wurde, hat auch in unseren Tagen Manchen viel zu schaffen gemacht und sie haben geglaubt, ihr nur dadurch entgehen zu können, daß sie sagen, jene Untersuchung, welche den Glaubensentscheidungen, sowohl denen des Papstes wie denen der Concilen vorhergehen müsse, sei zwar geboten und liege in der Absicht und in dem Willen Gottes, sie sei aber keine eigentliche Bedingung; wenn sie deßhalb nicht eintrete, so handle zwar der Papst unrecht, er begehe eine Sünde, aber seine Entscheidung sei nichts desto weniger unter dem Beistand des heiligen Geistes erfolgt und deßhalb unfehlbar. Nur auf diesem Wege glaubten sie der Consequenz entgehen zu können, welche Canus in seinem Bedenken aufstellt, daß nämlich sonst die ganze Absicht des unfehlbaren Lehramtes vereitelt werde, wenn jeder Einzelne das Recht habe zu untersuchen und zu entscheiden, ob die Bedingungen eines giltigen Urtheiles vorhanden seien. Canus gelangt aber auf einem ganz anderen Wege zur Lösung dieser Schwierigkeit, wodurch er auf der einen Seite die Untersuchung, welche den unfehlbaren Aussprüchen der Päpste wie der Concilien vorhergehen muß, als eigentliche und wahre Bedingung des göttlichen Beistandes festhält und doch das Recht einer solchen individuellen Prüfung über das Vorhandensein dieser Bedingungen, wodurch die ganze Lehrautorität der Kirche illusorisch würde, gänzlich verwirft.

Bei dieser Erörterung hebt er noch einmal jenen Grundsatz der Nothwendigkeit einer sorgfältigen und vernünftigen Untersuchung auf das Schärfste hervor. „Alle von Gott in der Kirche bestellten Richter, sagt er — er meint hier die Glaubensrichter, Papst und Bischöfe — haben das gemein, daß, wenn sie ihre

Entscheidungen in leichtfertiger Weise, ohne Ueberlegung, einem plötzlichen Einfalle folgend, geben würden, sie dann nichts zu Stande brächten, was gründlich, gewichtig und sicher ist. In der Kirche sind wir berechtigt, nur das für giltig und wahr zu halten, was mit Einsicht, Ueberlegung und Ernst geschehen ist."

Daraus folgert er aber nicht, daß wir berechtigt seien, die Giltigkeit der Entscheidungen der Päpste und der Concilien in Frage zu stellen. „Gott nämlich, fährt er fort, lenkt alles weise und ist sowohl auf das letzte Ziel wie auf die Mittel bedacht, welche zu dem Ziele führen. Wenn er Jemanden das ewige Leben verspricht, so muß und wird er ihm auch zugleich die nothwendige Gnade zu den guten Handlungen verleihen, wodurch er das Leben erlangen soll; denn, wie es in dem Briefe an die Römer heißt, jene, welche er zur Seligkeit bestimmt hat, die hat er auch gerechtfertigt und berufen. Gerade so kann er, weil er der Kirche die Festigkeit im Glauben versprochen hat, nicht unterlassen, ihr die Gebete und alle anderen Hilfsmittel zu gewähren, wodurch diese Festigkeit erhalten wird. Wir dürfen nicht zweifeln, daß, was in der natürlichen Ordnung geschieht, auch in der übernatürlichen stattfindet und daß, wer das Ziel will, auch die Mittel dazu gewähren muß... Wenn Christus dem Petrus gesagt hätte: Ich habe für dich gebetet, daß deine Liebe nicht erlösche, so würden wir ohne Zweifel annehmen müssen, daß er ihm damit auch den Eifer, die Sorgfalt, die Anstrengungen, das Gebet und alle andern nothwendigen Mittel erfleht habe, welche zur Erhaltung der Liebe erfordert sind. Wenn er daher sagte: Ich habe für dich gebetet, damit dein Glaube nicht wanke, so müssen wir gleichfalls zweifellos annehmen, er habe damit von seinem Vater auch erlangt, daß Petrus Alles, was zu einer rechtmäßigen Entscheidung über den Glauben nothwendig gehört, besitzen werde, möge es von Gott oder von den Menschen herkommen. Wenn Gott für das nächste Jahr eine reiche Ernte versprechen würde, so wäre es wahrhaft thöricht zu bezweifeln, ob die Menschen auch Samen ausstreuen müssen. Ohne Zweifel, wenn sie säen, werden sie ernten und wenn sie nicht säen, werden sie nicht ernten. Aber aus einer solchen göttlichen Verheißung könnten wir entnehmen, nicht nur daß die Witterung günstig sein wird, damit alles reichlich gedeihe, was die Erde hervorbringt, sondern daß auch die Ackerbauer Sorgfalt, Mühe und Fleiß anwenden werden. Denn jene reiche Ernte ist nur denen versprochen, die pflügen, säen und arbeiten. Daraus sehen wir aber offenbar, daß, wenn Christus den Aposteln und ihren Nachfolgern den Geist der Wahrheit bei Entscheidungen über den Glauben versprochen hat, ihnen auch nichts von dem fehlen wird, was zur Lösung jener Glaubensstreitigkeiten nothwendig ist."

Wir haben diese Stelle ausführlich mitgetheilt, um den Gedanken des Canus klar zu machen. Nach seiner Auffassung gehört also der göttliche Beistand, wodurch das menschliche Urtheil vor Irrthum bewahrt wird, und der göttliche Beistand, wodurch die Nachfolger der Apostel davor bewahrt werden, die zu diesem Urtheile nothwendigen Bedingungen zu unterlassen, zu einem und demselben Act der göttlichen Providenz. Er wiederholt deßhalb immer denselben Grundgedanken und sucht ihn durch verschiedene Gleichnisse aus der natürlichen und übernatürlichen Ordnung klar zu machen; daß nämlich, wer das Ziel will, auch die Mittel zum Ziele mitwollen muß. Das Ziel des unfehlbaren Lehramtes ist aber die absolute und volle Gewißheit über den wahren Inhalt der Offenbarung. Wenn daher Gott dieses Ziel wahrhaft erreichen und diese Gewißheit uns geben will, so kann er sie nicht von Mitteln abhängig machen, die weniger gewiß sind, als das Ziel, denn sonst wäre dieses Ziel selbst wieder der Ungewißheit überlassen. Wenn das Ziel nur durch eine göttliche

That, durch die göttliche Assistenz, uns gewährt werden kann, so kann auch die Gewißheit der Anwendung der Mittel gleichfalls nur durch eine göttliche That sicher gestellt sein. Beides fällt nothwendig zusammen und ist untrennbar. Der Gott, der uns Menschen den Geist der Wahrheit verheißen hat für gewisse Aussprüche des kirchlichen Lehramtes, der hat uns mit derselben Gewißheit auch die Anwendung der nothwendigen Mittel verheißen bei Verwirklichung dieser Aussprüche. Das ist der Gedanke von Canus, und das ist auch unser Gedanke.

Deßhalb fährt Canus — und das ist voll practischer Bedeutung für so Vieles, was jetzt geschieht bezüglich des vaticanischen Concils — also fort: „Sobald wir einmal den Häretikern die Erlaubniß einräumen, daß sie in Frage stellen, ob die Glaubensrichter jenen Fleiß und die Sorgfalt angewendet haben, welche zu einer vernünftigen Untersuchung der Sache erforderlich sind, wer ist wohl so blind, nicht einzusehen, daß dann bald alle Entscheidungen der Päpste und Concilien hinfällig sind? Wenn daher hierüber Zweifel entstehen, welche durch sichere Beweismittel nicht erledigt werden können, so muß es doch bei allen Theologen eine feststehende und entschiedene Sache sein, daß Concilien, was immer vorgefallen sein mag, im Glauben nicht irren können, wenn sie vom Papste bestätiget sind. Obgleich es also nach meiner Ansicht thöricht ist, daß Jemand das Ziel erreichen könne, ohne die nöthigen Mittel anzuwenden, so werde ich doch nie zugeben, daß ein Papst oder ein Concil die bei Entscheidung einer Glaubensfrage nothwendige Sorgfalt unterlassen habe ... Wir müssen deßhalb zugestehen, daß den Richtern, welche Gott in der Kirche bestellt hat, nichts von dem fehlen kann, was zu einem rechtmäßigen und wahren Urtheil nothwendig ist."

Daraus erkennen wir, was dieser Theologe aus der Zeit des tridentinischen Concils von dem Verfahren Jener denkt, welche die

Giltigkeit eines Concilbeschlusses aus Gründen bestreiten, wie wir sie jetzt gegen das vaticanische Concil von einigen Priestern und Laien geltend machen hören, indem sie bezweifeln, ob die dort versammelten Richter des Glaubens jenen Fleiß und jene Sorgfalt angewendet haben, welche zu einem giltigen Concilbeschluß nothwendig war. Er lehrt, daß man durch ein solches Verfahren alle Entscheidungen der Päpste und der Concilien erschüttern könne, und behauptet, daß alle katholischen Theologen darin einig seien und sein müssen, daß Concilbeschlüsse, welche vom Papste bestätigt sind, nicht irrig sein können.

Wie wohlbegründet diese Anschauung ist, erhellt auch noch aus folgender Erwägung. Zur Natur einer jeden Autorität, welche das Recht in Anspruch nimmt, Andere durch ihre Entscheidung in letzter Instanz zu verpflichten, gehört wesentlich sowohl das Recht der Entscheidung über den Inhalt der Sache wie über das Vorhandensein der rechtsverpflichtenden Form. Eine Autorität, welche nur über den Inhalt des Rechtes eine Entscheidung beanspruchen könnte, welche aber die Entscheidung über die formelle Giltigkeit ihrer Aussprüche jedem Einzelnen überlassen müßte, wäre eine Scheinautorität. Wenn daher Gott seiner Kirche eine wahre und wirksame Lehrautorität mit göttlichem Beistande übertragen wollte, um für alle Zeiten jene Wahrheiten, welche er selbst den Menschen verkündet hatte, rein und unverfälscht zu bewahren, so mußte er ihr das Recht einräumen: erstens zu entscheiden über den Inhalt der Offenbarung, über ihren wahren Sinn, zweitens zu erklären, welche Entscheidungen als Glaubensentscheidungen giltig sind; er mußte die endgiltige Entscheidung über beide Punkte der subjectiven Willkür entziehen. Wer daher zwar in der Theorie das Recht unfehlbarer Glaubensentscheidungen der Kirche anerkennt, dann aber alle formelle Giltigkeit derselben der Endentscheidung seiner subjectiven Auffassung unterwirft, der vernichtet die Autorität der Kirche; er läßt ihr nur einen äußeren Schein von Autorität und er führt das protestantische Princip des ungebundenen Subjectivismus durch die Hinterthür in die Kirche hinein, indem er es nicht auf die Lehren selbst anwendet, wohl aber auf die Giltigkeit aller Lehrentscheidungen, was ganz auf dasselbe hinauskömmt.

Die bisherige Untersuchung über den göttlichen Beistand, wodurch die Entscheidungen des Papstes vor Irrthum bewahrt werden, können wir also in folgende Sätze noch einmal zusammenfassen:

Wir müssen erstens uns diesen Beistand nach Analogie des göttlichen Beistandes bei Spendung der Sacramente dergestalt denken, daß Gott ihn dem Papst und ebenso auch den Bischöfen auf einem Concil nicht unmittelbar und direct für ihre Person, sondern nur für diese besondere Handlung leistet, welche sie vornehmen, so daß ihre Person dabei ganz unverändert bleibt.

Zweitens: Diesen göttlichen Beistand gewährt aber Gott dem Papste und den Bischöfen nur unter bestimmten Bedingungen. Zu diesen Bedingungen gehört auch, daß die Streitfrage auf menschlichem Wege durch die natürlichen vernünftigen Mittel vollkommen klar gestellt sei.

Drittens: Kein Katholik darf aber unter dem Vorwande, daß diese Mittel nicht angewendet seien, die Giltigkeit eines solchen Ausspruches bestreiten, da dieselbe göttliche Vorsehung, welche versprochen hat, die Kirche vor Irrthum zu bewahren, sie auch davor bewahrt, die nothwendigen Mittel zu unterlassen. Deßhalb ist kein Katholik befugt, das Urtheil eines von dem Papst bestätigten allgemeinen Concils jemals zu bezweifeln.

Zum Abschluß dieses Abschnittes füge ich noch zwei kurze Bemerkungen bei.

Bezüglich der Untersuchungen, welche der Entscheidung vorhergehen müssen, ist schon hier klar, daß der Umfang derselben sehr verschieden sein wird. Es gibt Fragen, die schon oft untersucht, vielleicht wiederholt entschieden wurden, über die das Zeugniß der Kirche in unzähligen Documenten vorliegt; es gibt andere, bei denen das nicht so der Fall ist. Die Ausdehnung der Untersuchung wird sich also nach dieser Verschiedenheit richten müssen. Wir kommen auf diesen wichtigen Gesichtspunkt später zurück.

Ferner sagt die Constitution, daß diese Assistenz dem Papste im heiligen Petrus versprochen sei. Dies bedarf keiner weitläufigen Erklärung. Sie ist dem heiligen Petrus versprochen in allen den Verheißungen, die er mit den übrigen Aposteln zusammen erhalten hat; sie ist ihm versprochen in der ihm zuerst und ausschließlich gegebenen Verheißung, ihn zum Felsen der Kirche zu machen, in seiner Einsetzung zum obersten Hirten der Kirche, in der Versicherung, daß sein Glaube nicht wanke, und in dem Auftrage, seine Brüder zu stärken. Alle diese Verheißungen setzen den Beistand Gottes nothwendig voraus.

4. Die Constitution fährt dann fort und erklärt, daß der Papst bei solchen Entscheidungen, wie wir sie bisher kennen gelernt haben, mit jener Unfehlbarkeit ausgerüstet ist, mit welcher der göttliche Erlöser seine Kirche zur Entscheidung einer den Glauben oder die Sitten betreffenden Lehre ausgestattet haben wollte.

Daraus ergibt sich nun bezüglich des Gegenstandes der Unfehlbarkeit des päpstlichen Lehramtes, daß diese nie weiter gehen kann, als die Unfehlbarkeit der Kirche selbst. Beide haben durchaus denselben Umfang und dieselben Grenzen. Alles, was also bisher die Theologie über die Grenzen der Unfehlbarkeit der Kirche zu behaupten befugt und berechtigt war, kann sie auch heute über die Grenzen der Unfehlbarkeit des Papstes lehren und behaupten. Es ist deßhalb nichtig und gegenstandlos, wenn der Schein jetzt vielfach verbreitet wird, als ob das Object der Unfehlbarkeit durch das vaticanische Concil irgend eine Veränderung erlitten hätte; namentlich ist es gänzlich unwahr und voll gehässiger Nebenbedeutung, wenn man die Befürchtung anregt, als ob jetzt Gegenstände rein politischer Natur in ihren Kreis hineingezogen werden würden. Das Alles sind theils Mißverständnisse, theils aber böswillige Entstellungen und Verdächtigungen. Das depositum fidei, die übernatürliche Offenbarung also mit jenen natürlichen Wahrheiten, ohne welche jenes Vermächtniß des Glaubens für die Menschen nicht rein erhalten werden kann, das ist und bleibt das Object der Unfehlbarkeit der Kirche und auch des Papstes.

Das wird ausdrücklich in der oben mitgetheilten Stelle der Constitution durch die Worte ausgesprochen, daß Christus der Kirche diese Unfehlbarkeit zur Entscheidung von Lehren, welche den Glauben und die Sitten betreffen, verliehen hat. Bezüglich anderer Dinge hat also der göttliche Erlöser die Kirche nicht mit der Gabe der Unfehlbarkeit ausgerüstet und folglich auch nicht den Papst. Das sind genau die Grenzen, für welche die Kirche diesen göttlichen Beistand in Anspruch nimmt.

Was eine doctrina de fide bedeutet, ist an sich klar. Darunter sind nur Lehraussprüche zu verstehen, welche die Reinbewahrung des Glaubens, das richtige Verständniß der geoffenbarten Wahrheiten zum Zwecke haben. Alle andern Lehren sind also hier nicht miteinbegriffen. Etwas schwieriger könnte die Frage scheinen, was die doctrina de moribus sei, für welche die Unfehlbarkeit in Anspruch genommen wird.

Diese Schwierigkeit verschwindet aber, wenn wir bedenken, daß es sich hier um die ewigen Gesetze der sittlichen Ordnung handelt, welche ebenso in der übernatürlichen Offenbarung enthalten, wie auch nach der Lehre des Apostels in die Herzen der Menschen eingeschrieben sind. Im Grund wird mit letzterem Zusatz nur ausgesprochen, daß die Kirche Gottes nie das Gute bös und das Böse gut nennen kann. Die Principien der Sittlichkeit und Gerechtigkeit sind in der übernatürlichen und in der natürlichen Offenbarung, die im Gewissen zu uns spricht, dieselben und nur von diesen ist hier die Rede.

Das Gebiet, wofür also hier die Unfehlbarkeit der Kirche und somit auch die des Papstes in Anspruch genommen wird, ist das Gebiet der Lehren de fide vel moribus. Dabei ist es nicht unwichtig, hier noch auszusprechen, daß über den Umfang dieses Begriffes einer doctrina de fide vel moribus unter den Theologen von der Kirche geduldete Verschiedenheiten bestehen, welche durch diese Entscheidung nicht berührt sind, und welche daher auch in Zukunft gerade so wie bisher geltend gemacht werden dürfen.

Wir finden aber in demselben Kapitel dieser Constitution noch andere Stellen, welche das Gesagte bestätigen und erklären. So heißt es an einer vorhergehenden Stelle: „Den Nachfolgern des heiligen Petrus ist nämlich der heilige Geist nicht verheißen, um durch dessen Offenbarung eine neue Lehre zu verkünden, sondern damit sie durch seinen Beistand die durch die Apostel überlieferte Offenbarung oder den anvertrauten Glaubensschatz heilig bewahren und richtig auslegen." Und unmittelbar vorher sagt das Concil, daß die römischen Päpste in Ausübung dieses erhabenen Amtes nur das entschieden, „was sie unter Gottes Beistand mit der heiligen Schrift und den apostolischen Traditionen übereinstimmend erkannt hatten." Das Concil erklärt also so nachdrücklich wie möglich, daß es sich bei den unfehlbaren

Aussprüchen des Papstes nie um neue Lehren oder gar neue Offenbarungen handeln kann, sondern nur um die durch die Apostel überlieferte Offenbarung und um den alten anvertrauten Glaubensschatz; nur um Erklärungen, welche Lehren mit der heiligen Schrift und den apostolischen Traditionen übereinstimmen. Darauf bezieht sich die Unfehlbarkeit der Kirche und die Unfehlbarkeit des Papstes.

5. Es bleibt uns noch das letzte Glied der entscheidenden Formel der Constitution übrig: „**Folglich sind solche Entscheidungen des römischen Papstes aus sich selbst und nicht durch die Zustimmung der Kirche unabänderlich.**"

Diese Bestimmung ist eine nothwendige Folgerung aus der hier entschiedenen Lehre. Wenn es Fälle gibt, in welchen das Oberhaupt der Kirche als solches das Organ der Unfehlbarkeit der Kirche ist, dann müssen auch diese Aussprüche aus sich selbst irrthumslos und unabänderlich sein. Das „Aus sich selbst" bezieht sich zunächst nicht auf den Papst, sondern auf dessen Entscheidungen und ist hier nicht absolut genommen, nicht als ob im Papst der letzte und eigentliche Grund der Unfehlbarkeit sei, da wir ja aus der Constitution selbst schon hinreichend erkannt haben, daß der Grund und die Quelle der Unfehlbarkeit die assistentia divina ist. Das „Aus sich selbst" bezieht sich also unmittelbar und direct auf das Verhältniß dieser Entscheidungen zur Kirche und den Bischöfen und heißt somit mit anderen Worten, daß der Papst bei seinen Aussprüchen ex cathedra unmittelbar selbst in seiner Eigenschaft als Oberhaupt die göttliche Assistenz habe, und nicht mittelbar durch Andere, nicht durch nachträglich hinzutretende Zustimmung der Bischöfe.

Dieser Zusatz ist namentlich gerichtet gegen die Auffassung

der Gallikaner, welche eben von der Ansicht ausgingen, daß ohne diese hinzutretende Zustimmung der Bischöfe nie eine päpstliche Entscheidung endgiltig und unabänderlich sei. Diese Auffassung hatte einen sehr verschiedenen Ausgangspunkt. Die Einen nahmen nämlich an, daß die nachträgliche Zustimmung der Bischöfe erst die Entscheidung des Papstes unfehlbar mache. Da die Unfehlbarkeit aber von der Assistenz Gottes herkömmt, so lag bewußt oder unbewußt dieser Auffassung die Anschauung zu Grunde, daß die Assistenz unmittelbar den Bischöfen und mittelbar durch sie dem Papste gewährt werde, da ja ihre Zustimmung erst der Handlung des Papstes die Weihe der Unfehlbarkeit verleihen sollte. Andere nahmen dagegen an, daß die Entscheidungen des Papstes ex cathedra zwar an sich unfehlbar seien durch die Assistenz, welche der heilige Geist unmittelbar ihm gewähre, daß aber die volle Gewißheit des Vorhandenseins einer Entscheidung ex cathedra erst dann vorliege, wenn die Zustimmung des Episcopates sich in irgend einer Form kund gegeben habe. Den Einen war also Zustimmung der Bischöfe der Grund der Unfehlbarkeit der päpstlichen Aussprüche. In der anderen Auffassung dagegen war diese Zustimmung des Episcopates nur das offenbare Merkmal, woran die ganze Christenheit erkennen konnte, daß in der That eine Entscheidung ex cathedra vorliege. Diese läugneten daher nicht, daß die Entscheidungen des Papstes aus sich selbst unfehlbar seien.

Die Lehre aber, daß die Unfehlbarkeit des Papstes bei Aussprüchen ex cathedra ihm nicht von irgend einem anderen Organ der Kirche herkomme, sondern lediglich und allein von der göttlichen Assistenz, die ihm als Oberhaupt direct und unmittelbar zu Theil wird, hat nichts zu thun mit der Auffassung, als ob ein solcher Act des Papstes ein vollkommen isolirter und vom ganzen übrigen Lehrkörper getrennter sei, wie Solches fälschlich behauptet wird. Um dieses Mißverständniß zu beseitigen, müssen wir auf das

Bild des heiligen Paulus hinweisen, welcher die Kirche mit dem Leibe, die Aemter in der Kirche mit den Gliedern an diesem Leibe vergleicht und dann bezüglich des Verhältnisses dieser Glieder unter einander sagt, daß sie zwar nicht dieselben Verrichtungen haben, dennoch aber sich gegenseitig dienen und unterstützen [1]. So ist es auch am Lehrkörper der Kirche mit dem Verhältniß zwischen dem Oberhaupte und den übrigen Lehrern. Sie haben nicht dieselben Verrichtungen, aber sie sind deßhalb nicht getrennt. Entscheidungen ex cathedra gehören zu den besondern Verrichtungen, die Gott dem sichtbaren Oberhaupte der sichtbaren Kirche, also dem ersten und edelsten Gliede an diesem Leibe Christi zugewiesen hat. Wenn das Oberhaupt der Kirche solche Entscheidungen gibt, so handelt es dabei ganz und gar aus der göttlichen Kraft, die Christus mit seinen Verrichtungen verbunden hat, ohne diese göttliche Assistenz von irgend einem anderen Gliede zu entlehnen. Es handelt dabei aber zugleich in der allerinnigsten und wesentlichsten Einheit mit den anderen Gliedern des Lehrkörpers und muß sich je nach der Verschiedenheit der Fälle ihrer Beihilfe bedienen, gerade so wie die Glieder sich gegenseitig helfen müssen und gerade so wie selbst das Haupt nach den Worten des Papstes Sixtus III. „seine Kraft und Festigkeit verliert, und seine Würde nicht zu erhalten vermag, wenn es nicht von dem Körper getragen ist [2]."

Das ex sese hat also absolut nichts zu thun mit der Vorstellung einer Trennung. Die erste Constitution des vaticanischen Concils gibt uns hiefür den herrlichsten Beweis. Hier haben wir ausdrücklich eine Entscheidung ex cathedra, das Wort selbst wird da gebraucht, und dennoch sehen wir zugleich die Beihilfe

---

1) Röm. 12, 4 ff.
2) Epist. ad Episc. per Illyricum.

des ganzen Episcopates. „Jetzt aber, so spricht dort der Papst, wo die durch unsere Autorität zu einem ökumenischen Concil im heiligen Geiste versammelten Bischöfe des ganzen Erdkreises mit uns als Glaubensrichter sitzen, haben wir beschlossen, gestützt auf das geschriebene und überlieferte Wort Gottes, wie wir es von der katholischen Kirche heilig gehütet und unverfälscht überkommen haben, von diesem Lehrstuhle Petri herab — ex hac Petri cathedra — vor Aller Angesicht die heilbringende Lehre Christi zu bekennen und zu erklären."

Hier wird also ausdrücklich die Entscheidung des vaticanischen Concils, bei welchem der Papst die Beihilfe des gesammten Episcopates in Anspruch nimmt, eine Entscheidung ex cathedra genannt. So weit ist die Kirche davon entfernt, den Begriff der Trennung des Papstes vom Episcopat mit der Lehre zu verbinden, daß das Oberhaupt der Kirche aus sich selbst und nicht durch andere bei solchen Lehrentscheidungen unfehlbar sei.

Das ist also der Sinn der Formel der Constitution, wie er sich aus den Worten selbst und aus dem übrigen Inhalte derselben ergibt.

II.

Was ist in dieser Constitution über die Lehrgewalt des Papstes Neues entschieden, was vor dem vaticanischen Concil noch nicht katholisches Dogma war?

Die Wichtigkeit dieser Frage ist einleuchtend. Man hat den Schein verbreitet, als ob weitgehende Neuerungen durch das vaticanische Concil eingeführt, als ob die bisherigen Zustände der Kirche gänzlich verändert seien. Um so nothwendiger ist hier volle Klarheit. Wir müssen wissen, was bisher jeder Katholik über die Lehrgewalt des Oberhauptes der Kirche zu glauben verpflichtet war und was in dieser Hinsicht das vaticanische Concil Neues entschieden hat. Nur dann ist ein richtiges Urtheil möglich. Sonst gerathen wir in Gefahr, Lehren für Neuerungen auszugeben, welche immer zur Glaubenslehre der Kirche gehörten, wie das leider nur zu oft in letzter Zeit selbst von Männern geschehen ist, welche den Beruf hatten, an der Bildung des Priesterstandes mitzuarbeiten, und von denen man deßhalb vor Allem ein richtiges Urtheil hätte erwarten sollen.

Es ist also **erstens** Lehre der Kirche, so alt wie die Kirche selbst, daß es keine Kirche Christi gibt ohne sichtbares Oberhaupt. Die Worte Christi: „Du bist Petrus und auf diesen Felsen will ich meine Kirche bauen und die Pforten der Hölle sollen sie nicht überwältigen" — enthalten ihrem unmittelbaren Wortsinne nach die doppelte Verheißung, daß das Band zwischen der Kirche und ihrem sichtbaren Oberhaupte untrennbar ist und daß die Kirche aus dieser Verbindung mit ihrem Oberhaupte ihre unbesiegbare Festigkeit erhält, wie der Fels das Gebäude fest macht, welches auf ihn gebaut ist. Durch diese Verbindung soll die Kirche allen Anfechtungen der Hölle widerstehen. An andern Stellen der heiligen Schrift werden zwar auch die Apostel Fundamente der Kirche genannt; aber auch sie ruhen auf diesem einen Felsen, erhalten von ihm die Einheit und sind nur in Verbindung mit diesem Felsen die sichtbare Grundlage der Kirche, während Christus selbst der göttliche Eckstein ist, welcher die ganze Kirche zusammenhält, sie mit seinem göttlichen Leben erfüllt, von dem alle göttliche Kraft in ihr ausgeht [1]).

Diese Glaubenssätze über den Primat beziehen sich namentlich auf das Lehramt desselben und auf das Verhältniß des höchsten Hirten und Lehrers zu den übrigen Lehrern der Kirche. Der ganze Lehrkörper der Kirche ruht also gleichfalls auf diesem Felsen, erhält von ihm seine Einheit und jene übernatürliche Kraft, wodurch er gegen alle Anfeindungen des Geistes der Spaltung, des Irrthums und der Lüge gesichert ist.

Es war zweitens von Allen als unbestrittene Lehre der katholischen Kirche anerkannt, daß die Kirche ohne ihr sichtbares Oberhaupt die höchsten Acte der Lehrgewalt nicht ausüben kann und das Oberhaupt an denselben stets den wesentlichsten Antheil hat; daß ein ohne den Papst berathendes und be-

---

1) Ephes. 2, 20.

schließendes Concil nie die letzte und höchste Instanz kirchlicher Entscheidungen sein und noch weniger über dem Papste stehen kann; daß nur der Papst Concilien, welche die ganze Kirche darstellen, zu berufen befugt ist; und daß endlich allgemeine Concilien nur dann ihre volle Gewalt besitzen, wenn ein rechtmäßiger Papst deren Beschlüsse bestätigt.

Drittens ist es von jeher katholische Lehre gewesen, daß der apostolische Stuhl durch die Verheißungen, welche Christus dem Petrus gegeben, den Glauben immer rein und unbefleckt bewahrt hat; daß alle Kirchen und alle Christen mit dem apostolischen Stuhle und mit der römischen Kirche in Verbindung stehen müssen und daß Alle, welche von der Glaubensgemeinschaft des apostolischen Stuhles sich getrennt haben, von der Kirche Christi selbst getrennt sind.

Diese Grundsätze über den Primat und die Lehrgewalt desselben sind unbestrittene Lehrsätze der katholischen Kirche. Die Gallikaner des XVII. Jahrhunderts haben sie mit derselben Entschiedenheit vertheidigt, wie die Anhänger der Unfehlbarkeit der päpstlichen Aussprüche ex cathedra. Die Streitfrage zwischen ihnen und ihren Gegnern war eigentlich nur die, ob in diesen Lehrsätzen die Unabänderlichkeit der höchsten päpstlichen Lehrentscheidungen unmittelbar und an sich enthalten sei, oder ob sie nur eine Unfehlbarkeit forderten, wie der vierte gallikanische Artikel sie anerkennt. Dieser lautet nämlich: „Auch in Glaubenssachen hat der Papst den wesentlichsten Antheil (praecipuas partes), seine Entscheidungen erstrecken sich auf alle und jede einzelne Kirche, dennoch sind sie nicht unabänderlich, wenn nicht die Zustimmung der Kirche hinzutritt." Man kann deßhalb nicht eigentlich behaupten, daß diese Gallikaner direct die Unfehlbarkeit päpstlicher Entscheidungen ex cathedra geläugnet haben. Diese wurde vielmehr von vielen ihrer bedeutendsten Vertreter, von

Bossuet bis Tournely) in einem gewissen Sinne anerkannt. Daß der Papst immer den wesentlichsten Antheil hat bei Glaubensentscheidungen, daß seine Entscheidungen Alle binden, spricht ja der eben citirte Artikel selbst aus, nur machten sie dann wieder die unabänderliche Giltigkeit dieser Entscheidungen von der Zustimmung der Kirche abhängig.

Es war nun bisher die Frage, ob das berechtigt und zulässig sei; ob darin nicht ein offenbarer innerer Widerspruch liege, auf der einen Seite dem Papste die höchsten Befugnisse bei Glaubensentscheidungen zuzuerkennen und sie auf der andern Seite doch wieder von Bedingungen abhängig zu machen, durch deren Eintritt die Entscheidungen des Papstes erst die höchste Weihe erhalten sollen; ob nicht überhaupt diese Lehre mit jenen Grundsätzen im Widerspruch stehe, die wir vorher als allgemein giltig und von allen Katholiken zugestanden aufgezählt haben. Diese Frage ist jetzt gegen die Gallikaner und namentlich gegen den vierten Artikel der gallikanischen Declaration entschieden, gegen welche sich übrigens der apostolische Stuhl und fast die ganze Kirche schon von Anfang an und constant ausgesprochen hatte. Darauf beschränkt sich unmittelbar und direct Alles, was über die Lehrgewalt des Papstes entschieden ist. Die Kirche hat entschieden, daß der letzte Grund der Unfehlbarkeit der päpstlichen Lehrentscheidungen in ihnen selbst liege und nicht in irgend einem anderen Theile der Kirche.

Um aber zu beweisen, mit welcher Entschiedenheit die besseren Gallikaner die Principien über die Lehrgewalt des Papstes selbst anerkannt haben, wollen wir die Lehren Bossuet's hierüber eingehender behandeln. Es ist das um so nothwendiger, weil die anonymen deutschen Theologen, welche in der Presse die öffentliche Meinung über die Entscheidung des Concils irre zu führen suchen, gern den Schein annehmen, als ob sie nur jene

Meinungen vertreten, welche von den Gallikanern aufgestellt worden sind. Das ist aber durchaus unrichtig. Bossuet hat sich freilich geirrt, indem er aus seinen eigenen Grundsätzen nicht die Consequenzen zog, die in ihnen lagen. Wenn aber Bossuet in unseren Tagen lebte, so würde er sich mit Abscheu von jenen Männern abwenden, die nicht etwa blos den vierten gallikanischen Artikel vertheidigen, sondern welche längst entschiedene Glaubenssätze der Kirche, welche jene Grundsätze über den Primat anfeinden, die wenige mit größerer Liebe und Begeisterung vertheidigt haben, wie Bossuet.

In dem Katechismus, welchen Bossuet für seine Diöcese geschrieben hat, kommen in dem Unterricht für das Fest der heiligen Petrus und Paulus folgende Fragen und Antworten vor: „Warum feiert man ihr Fest an demselben Tage?" „Weil sie beide an demselben Tage, nämlich an dem heutigen, den Märtyrertod erlitten und so durch ihr Blut die römische Kirche geheiligt haben, welche das Haupt aller Kirchen sein sollte." — „Warum soll sie das Haupt sein?" „Weil die göttliche Vorsehung Rom, die Hauptstadt der Welt, erwählt hatte, um dort den Stuhl des heiligen Petrus zu gründen, welchem Jesus Christus den Primat gegeben hatte." — „Worin besteht der Primat der römischen Kirche?" „Darin, daß sie von Gott erwählt ist, um die Mutter aller Kirchen zu sein und die vornehmste Hüterin der Wahrheit." — „Worin noch mehr?" „Darin, daß alle Kirchen mit ihr die Einheit bewahren müssen."

Eine andere berühmte Schrift Bossuet's ist seine „Darlegung der Lehren der katholischen Kirche über die Controversen." Seine Absicht war, in dieser Schrift nur die eigentlichen Glaubenslehren der Kirche im strengsten und engsten Sinne darzulegen. Was sagt er nun hier über die Autorität des Papstes? „Der Sohn Gottes, welcher wollte, daß seine Kirche Eine und daß sie fest auf der Einheit gebaut sei, hat, um diese zu bewahren und fest zu verbinden, den Primat des heiligen Petrus eingesetzt und gegründet. Deßhalb erkennen wir denselben Primat in allen Nachfolgern des Fürsten der Apostel an, welchem man aus diesem Grunde jene Unterwerfung und jenen Gehorsam schuldet, den die heiligen Concilien und die heiligen Väter immer alle Gläubigen gelehrt haben." Einige Zeilen weiter sagt er: „Es genügt, ein Haupt anzuerkennen, welches Gott bestellt hat, um die ganze Heerde auf seinen Wegen zu führen; was alle freudig thun werden, welche die Einmüthigkeit der Brüder und die Einheit der Kirche lieben." Am Ende nennt er dann noch den Primat des Stuhles des heiligen Petrus den „gemeinschaftlichen Mittelpunkt der ganzen katholischen Einheit."

In einem späteren Werke, der Vertheidigung der gallikanischen Artikel, beruft er sich in der Einleitung §. 93. auf die eben erwähnte „Darlegung der Lehre der katholischen Kirche" und nennt dort den apostolischen Stuhl „das Centrum und die Wurzel" der Einheit der Kirche, also auch selbstverständlich das Centrum und die Wurzel der Einheit der Lehre.

Ueberaus belehrend aber für unseren Zweck ist das X. Buch dieser Vertheidigung der gallikanischen Artikel. Nach der Ueberschrift will er hier beweisen, daß die gallikanische Erklärung sich vereinigen lasse mit der Lehre, „daß der römische Lehrstuhl und Glaube nie wanken werde (nunquam defectura sit) und daß der erste Lehrstuhl von Niemanden gerichtet werden könne." Diese Lehre betrachtet er immer als unerschütterliche Glaubenssätze der katholischen Kirche und sein einziges Bemühen ist nur, nachzuweisen, daß daraus nicht unmittelbar und an sich die Unabänderlichkeit der höchsten Lehrentscheidungen des Papstes folge. Man braucht aber in der That nur zu verfolgen, wie Bossuet die Unveränderlichkeit des Glaubens der römischen

Kirche beweist, um leicht zu finden, daß er sich trotz seines Scharfsinns in seinen Schlußfolgerungen getäuscht hat.

Hören wir ihn, was er über die Lehrgewalt des Papstes sagt. Er will im ersten Kapitel dieses Buches weitläufiger „jenes Unbewegte" auseinander setzen, „welches im Glauben Petri das ganze Alterthum vom Anfange an anerkannt hat[1])." Dieses Unbewegte werde von den Vätern in einem doppelten Sinn verstanden: „erstens daß die katholische Kirche im Glauben Petri unbeweglich fortbestehe, dann zweitens daß etwas Unbewegliches und Unbesiegbares auch auf die besondere römische Kirche und auf den apostolischen Stuhl durch den Glauben, die Predigt, das Blut, die Autorität und Nachfolge von Petrus übertragen sei."

Er redet dann zuerst von diesem Unbeweglichen, das von dem Glauben Petri auf die ganze Kirche übergegangen sei. Die heiligen Väter leiteten es ab von jenem erhabenen Bekenntniß Petri: „Du bist Christus ɔc." und dem darauf erfolgten Ausspruche Christi: „Du bist Petrus ɔc." Durch diese Worte habe Christus, welcher vor Allem gewollt, daß seine Kirche Eine sei, ein Lehramt geschaffen, welches vor allem Andern mit der ausgedehntesten Macht und Würde ausgestattet sei, welches Alle zur Einheit bewege, ganz besonders im Glauben. Er habe hierdurch namentlich zweierlei festgestellt: erstens daß Petrus nicht ohne Grund im Namen Aller geantwortet habe, da er vom Lehrmeister Christus selbst als der Erste von Allen bestellt war; zweitens daß, so oft die Nachfolger Petri den gemeinschaftlichen Glauben der Kirchen aus der gemeinschaftlichen Ueberlieferung, wie es

---

1) Illud immotum, quod in fide Petri omnis ab origine agnovit antiquitas.

ihr Amt verlangt, kundgeben würden, ihr Urtheil, ihre Lehre, ihr Glaube das Fundament der Kirche sein werde¹).

An diesem wichtigen Grundsatz über das Wesen der Lehrgewalt des Papstes können wir genau und scharf den Stand der damaligen und jetzigen Controverse feststellen. Alle, welche katholisch denken, geben zu, daß die Entscheidungen Petri und seiner Nachfolger das Fundament für die Lehreinheit der Kirche sein sollen. Alle geben ferner zu, daß diese Lehrentscheidungen den gemeinschaftlichen Glauben der Kirche und die gemeinschaftliche Tradition enthalten müssen. Die Frage ist: Wo liegt aber die letzte Garantie dafür, daß diese Lehrentscheidungen mit dem gemeinschaftlichen Glauben der Kirche und mit der gemeinschaftlichen Tradition übereinstimmen? Die Gallikaner antworten: In der Zustimmung der Kirche; alle Anderen antworten und das Vaticanum hat jetzt entschieden: In ihnen selbst und in dem göttlichen Beistande, welchen Petrus und in ihm alle seine rechtmäßigen Nachfolger erhalten. Es scheint uns nun nichts offenbarer zu sein, als daß in der Antwort der Gallikaner ein circulus vitiosus liegt. Bossuet will „das Unbewegliche" in der Kirche und ihrer Lehre, das Göttliche, von jeder menschlichen Willkür Unabhängige, finden. Er erkennt an, daß dieses „Unbewegliche" in Petrus liege und in seiner Vollmacht, und sucht dann doch wieder im vierten gallikanischen Artikel das eigentlich „Unbewegliche" in dem Consens der Kirche. Das ist ein offenbarer Widerspruch. Das, was alle anderen Theile der Kirche fest machen soll, kann nicht den Grund seiner Festigkeit in den Theilen haben, welche durch dasselbe fest werden sollen. In die-

---

1) Quoties successores Petri communem ecclesiarum fidem ex communi traditione pro officio promerent, eorum decretum, praedicationem, fidem fore Ecclesiae fundamentum.

sem Kreise bewegen sich auch die jetzigen Gegner der Lehrgewalt des Papstes.

Im zweiten Kapitel sucht er freilich wieder jene Grundsätze durch seine gallikanische Auffassung abzuschwächen. Nachdem er das aber gethan, schließt er wieder mit den bedeutungsvollen Worten: „Ewig fest steht also in der Kirche Christi jenes von Christus selbst bestellte Lehramt, welches zur Einheit hinzieht und seinem Auftrage gemäß für die Festigkeit des Glaubens Sorge trägt. Diesem Amte sind mit Recht die Schlüssel gegeben und eine solche Macht zu binden und zu lösen, daß Alles, was es auf Erden binden und lösen wird, auch im Himmel gebunden und gelöst ist." Er kann es dann nicht lassen wieder beizufügen: „Mit diesen Worten werde nicht die Unfehlbarkeit der Person, welche das übertragene Amt verwaltet, angedeutet, sondern die Kraft und die Wirkung des Amtes selbst, worin Alle einstimmten." Er fährt dann fort: „Das Alles ist also enthalten in jenem Worte Christi: Du bist Petrus 2c. und es ist so durchaus festgestellt, daß das Amt Petri das Fundament der Kirche ist, eben weil die Kirche in der Einheit beruht, deren Geheimniß und Wurzel in Petrus ist."

In den zwei folgenden Kapiteln setzt Bossuet dann diese Auseinandersetzung über das erste Unveränderliche in der Kirche, nämlich in dem Glauben und in dem Amte Petri, fort. Rührend ist dabei zu sehen, wie er sich bemüht, seine gallikanische Ansicht immer wieder mit den Principien der apostolischen Lehrautorität auszusöhnen, und wie sein katholisches Bewußtsein ihn antreibt, jene Principien um so herrlicher und schöner zu entwickeln, je mehr er sich anstrengt, dabei seine gallikanische Deutung noch festzuhalten. Das ist der Unterschied zwischen Bossuet und der modernen Januspartei, daß diese bereit ist, ihrer Doctrin zuliebe alle großen Principien der Kirche über die Lehrautorität des Papstes mit Füßen zu treten, während für Bossuet jene Principien viel höher wie seine Doctrin stehen.

Vom fünften Kapitel an beginnt dann Bossuet das andere Unveränderliche in der Kirche zu betrachten, nämlich jenes, welches auf die römische Kirche insbesondere und den römischen Stuhl, durch den Glauben Petri und seiner Nachfolger übergegangen ist. „Das ist also der Lehrstuhl, ruft er aus, das der Sitz, das die Kirche, welche wegen der für die Einheit der Kirche nothwendigen Würde ihres Bischofes nie von der wahren Kirche, nie von dem wahren Glauben getrennt werden kann." Mit welcher Kraft und Entschiedenheit er aber diesen Grundsatz, daß die römische Kirche und der apostolische Stuhl den wahren Glauben nie verlieren können, vertritt, — ein Grundsatz, der mit der Lehre der Unfehlbarkeit der höchsten päpstlichen Aussprüche so innig zusammenhängt — wollen wir nur aus dem VII. Kapitel nachweisen. Dort redet er von jener alten und berühmten Glaubensformel des hl. Papstes Hormisdas, auf welche sich auch das vaticanische Concil beruft und die also lautet: „Zum Heil ist vor Allem nothwendig, die Richtschnur des rechten Glaubens zu bewahren und von der Ueberlieferung der Väter in keiner Weise abzuweichen. Weil aber der Ausspruch unsers Herrn Jesu Christi nicht vereitelt werden kann: Du bist Petrus und auf diesen Felsen will ich meine Kirche bauen — so hat der Erfolg ihn bestätigt, da in dem apostolischen Stuhl die katholische Religion immer unbefleckt bewahrt worden ist ... In völligem Gehorsam gegen den apostolischen Stuhl und in Anerkennung aller seiner Entscheidungen, hoffe ich daher mit Euch in der einen Gemeinschaft zu sein, welche der apostolische Stuhl bekennt, worin die ganze und wahre Festigkeit der christlichen Religion besteht u. s. w." Nachdem er dann erwähnt hat, wie alle morgenländischen Bischöfe und auch der Kaiser Justinian diese Glaubens=

formel unterzeichnet haben, fährt er fort: „Alle Kirchen bekannten also durch die Unterschrift dieses Glaubensbekenntnisses, daß der römische Glaube, der Glaube des apostolischen Stuhles und der römischen Kirche in unverletzter und vollkommener Festigkeit fortbestehe und durch die ausdrückliche Verheißung des Herrn festgegründet sei, damit er niemals wanke." Er erwähnt dann, wie von den spätern Päpsten und Bischöfen diese Glaubensformel anerkannt worden, und schließt: „Welcher Christ wird es also wagen, das, was überall verbreitet, von allen Jahrhunderten anerkannt, von einem ökumenischen Concil (nämlich dem vierten von Constantinopel) bestätigt ist, zu verwerfen?"

Auch mit diesem Immotum, nämlich mit der Unfehlbarkeit der Lehre des apostolischen Stuhles verfährt Bossuet ähnlich wie mit jenem ersten Immotum, dem höchsten Lehramte Petri und seiner Nachfolge. Wie er dort das Unbewegliche von dem Papst auf den Consens der Kirchen überträgt, so behauptet er hier, daß der apostolische Stuhl und nicht der einzelne Nachfolger Petri das Unbewegliche der Lehre darstelle; daß also der apostolische Stuhl und nicht der Papst zuletzt unfehlbar sei. Aber auch diese Deutung ist wieder dadurch mit sich selbst in Widerspruch, daß alle Verheißungen Christi, aus welchen diese Glaubensfestigkeit des apostolischen Stuhles von ihm und allen anderen Theologen abgeleitet wird, immer nur von Petrus und also auch von den Nachfolgern Petri reden. Hier ist wieder ein offenbarer circulus vitiosus. Die Unbeweglichkeit der Lehre des apostolischen Stuhles empfängt derselbe von Petrus und seinen Nachfolgern, nicht umgekehrt. Nicht der apostolische Stuhl macht den Petrus und seine Nachfolger bei ihren höchsten Lehrentscheidungen unfehlbar, sondern die Verheißungen, welche Petrus und seine Nachfolger von Christus haben, sind der Grund, daß der apostolische Stuhl in seiner Lehre immer rein und unbefleckt bleibt.

Das ist also die alte Lehre der katholischen Kirche über die Lehrgewalt des Papstes, wie sie auch von den Gallikanern anerkannt wurde. Daraus erkennen wir auch das Neue in der Entscheidung des vaticanischen Concils. Alle Katholiken sind darüber einig, daß Christus seine Kirche in der Einheit der Lehre gegründet hat; Alle bekennen, daß das Oberhaupt der Kirche die sichtbare Grundlage dieser Einheit ist, von der Niemand sich trennen darf, ohne von Christus und seiner Lehre getrennt zu werden; Alle bekennen, daß diesem Oberhaupte der wesentlichste Antheil bei den höchsten Lehrentscheidungen zukommt und daß sein Lehrstuhl und seine Kirche die Lehre Christi stets unbefleckt und rein bewahrt hat. Die Deutung der Gallikaner dagegen, daß trotz alledem der letzte Schlußstein in diesem heiligen Lehramte der Kirche, daß das, was dasselbe fest und unbeweglich macht, nicht in dem Papste liege, sondern außer ihm, in dem Consens der Kirchen oder in einem unfehlbaren Lehrstuhle, ist verworfen worden. Die höchsten Lehrentscheidungen des Oberhauptes der Kirche sind aus sich unfehlbar, oder mit anderen Worten, bei diesen Entscheidungen ist der Papst selbst mit jener Unfehlbarkeit ausgestattet, wodurch die Kirche unfehlbar wird.

Hier müssen wir aber sofort den vielen Mißdeutungen und Entstellungen entgegen treten, welche diese Lehre, daß die höchsten Lehrentscheidungen des Oberhauptes der Kirche aus sich selbst und nicht erst durch die nachfolgende Zustimmung der Kirche unveränderlich sind, bisher gefunden hat. Damit ist keineswegs behauptet, daß der Papst etwas als Glaubenslehre entscheiden könne, worin die Kirche nicht mit ihm übereinstimmt, oder daß er sich um den Consens, die Uebereinstimmung mit der Kirche gar nicht zu kümmern habe, oder endlich, daß er die natürlichen

Mittel, um über diese Uebereinstimmung Gewißheit zu erhalten, von jetzt an nicht mehr anzuwenden brauche. Das sind lauter Mißverständnisse, welche in keiner Weise dem Sinne des Concils entsprechen.

Schon im Allgemeinen liegt in der Vorstellung, daß der Consens die Ursache der Unfehlbarkeit der Kirche sei, mag sie dem Papste allein oder einem allgemeinen Concil zugeschrieben werden, etwas durchaus Irriges. Der Consens aller lebendigen Glieder der Kirche in der einen von Christus durch die Apostel ererbten Lehre ist die Wirkung der Unfehlbarkeit, aber nicht ihre Ursache. Dieser Consens kann dazu dienen, um die Lehre Christi in der Tradition nachzuweisen und festzustellen, er darf aber nie als der letzte und eigentliche Grund der Irrthumslosigkeit der Kirche geltend gemacht werden, wie das nur zu oft sowohl in der Vergangenheit wie in der Gegenwart geschehen ist. Die Ursache der Unfehlbarkeit der Kirche ist immer eine übernatürliche, nie eine natürliche. Das Lehramt der Kirche ist unfehlbar durch den Beistand des heiligen Geistes, nicht durch den Consens der Kirche. Wer diesen zum Grunde der Unfehlbarkeit, zum letzten Princip, wodurch die Lehre Christi unverfälscht erhalten wird, macht, der setzt schon dadurch die menschliche, die natürliche Gewißheit an die Stelle der übernatürlichen, der setzt die wissenschaftliche Ermittelung dieses Consenses mit allen Schwankungen der menschlichen Ansichten auf den maßgebenden Lehrstuhl der Kirche. Dann wäre der Menschengeist, welcher uns über den Consens belehrt, und nicht mehr der heilige Geist, der durch die Apostel und ihre Nachfolger spricht, der oberste Lehrer der Kirche.

Wenn aber auch sowohl für den Papst wie für die Bischöfe nie der Consens der Kirche, sondern der Beistand des heiligen Geistes, den sie selbst und unmittelbar erhalten (und das ist die

Bedeutung der Worte des Concils, daß die höchsten Aussprüche des Papstes ex sese unabänderlich seien), der letzte Grund ihrer Unfehlbarkeit ist, so ist damit wahrlich nicht gesagt, daß sie sich bei den Entscheidungen in Glaubensstreitigkeiten um den Consens der Kirche in der Vergangenheit und Gegenwart nicht zu kümmern haben, oder gar daß der Papst Etwas als Glaubenslehre feststellen könne im Widerspruch mit dem Consens der katholischen Kirche in allen Jahrhunderten.

Solche Ansichten stehen mit dem ganzen Wesen der kirchlichen Lehre von der Unfehlbarkeit in geradem Widerspruch. Wenn der heilige Geist das Lehramt der Kirche bei Glaubensentscheidungen vor Irrthum bewahrt, so hat das ja im Geiste der Kirche nur den Sinn, daß er es vor Abweichungen von jener Lehre bewahrt, welche Christus durch die Apostel uns hinterlassen hat; worin also von den apostolischen Zeiten an alle rechtgläubigen Christen übereinstimmen. Wenn also der Papst bei seiner höchsten Lehrentscheidung jene Unfehlbarkeit besitzt, mit welcher Christus seine Kirche ausgestattet hat, so hat auch in ihm dieser göttliche Beistand dieselben Wirkungen, d. h. er bewahrt ihn vor jeder Abweichung von der geoffenbarten Lehre, von dem Consens der rechtgläubigen Kirche.

Der Grundunterschied in den Anschauungen, welcher uns überall in dieser Lehre begegnet, bleibt immer der: die Einen suchen, bewußt oder unbewußt, die letzte Garantie für die Reinheit der Lehre in einem menschlichen Act, namentlich in ihren menschlichen Untersuchungen und deren Resultaten, versteckt hinter dem Consens; die Kirche setzt sie in einen übernatürlichen Act, in den übernatürlichen Beistand Gottes, welchen er dem Lehramte gewährt.

Das unter diesem Abschnitte Gesagte fassen wir also noch einmal in den beiden Sätzen zusammen: Das vaticanische Concil hat bezüglich der Lehrautorität des Papstes nichts weiter entschieden, als

erstens in Uebereinstimmung mit der allgemeinen Tradition, daß Lehraussprüche des Oberhauptes der Kirche ex cathedra auch außer dem allgemeinen Concil unfehlbar sind, und

zweitens, daß der Grund dieser Unfehlbarkeit nicht in der Zustimmung der Kirche, sondern in diesen Lehraussprüchen selbst liegt, d. h. in einem göttlichen Beistand, welcher dem Papste selbst zur Seite steht.

III.

Wie und wann übt der Papst diese dem Primate anhaftende Lehrvollmacht?

Hierüber sagt das vaticanische Concil: „Die römischen Päpste aber haben, wie es die Zeitumstände und die Lage der Sache erheischten, bald durch Berufung allgemeiner Concilien oder nach Einholung der Meinung der über den Erdkreis zerstreuten Kirche, bald durch Partikularsynoden, bald durch andere Mittel, welche die göttliche Vorsehung an die Hand gab, das festzuhalten entschieden, was sie unter Gottes Beistand als übereinstimmend mit der heiligen Schrift und den apostolischen Ueberlieferungen erkannt hatten. Denn den Nachfolgern des heiligen Petrus ist der heilige Geist nicht versprochen, damit sie vermöge einer von ihm erhaltenen Offenbarung eine neue Lehre verkünden, sondern damit sie unter dessen Beistand die von den Aposteln überkommene Offenbarung oder die Hinterlage des Glaubens heilig bewahren und treu auslegen."

Hier sehen wir erstens ausdrücklich bestätigt, was wir schon früher betrachteten, daß der Beistand des heiligen Geistes nicht gewährt wird, um neue Offenbarungen, neue Lehren zu verkünben, sondern lediglich und allein, um die apostolische Tradition, die durch die Apostel erhaltene Offenbarung, diesen Glaubensschatz, welcher von da an bereits im Besitze der Kirche ist, zu bewahren und auszulegen.

Hier sehen wir zweitens bestätigt, was wir gleichfalls schon erwähnt haben, daß dieser übernatürliche Beistand stattfindet adhibitis auxiliis, nachdem nämlich die Mittel angewendet worden sind, um das zu erkennen, was bezüglich der streitigen Lehre der heiligen Schrift und der apostolischen Tradition gemäß ist. Das ist es, was wir vorher mit Melchior Canus als die via humana bezeichneten, welche, zum Unterschiede von der Inspiration der Propheten, von den Lehrern der Kirche betreten werden muß, um des göttlichen Beistandes bei ihren dogmatischen Entscheidungen theilhaftig zu werden, ähnlich wie bei den Sacramenten das äußere Zeichen da sein muß, damit die göttliche übernatürliche Wirkung eintrete.

Drittens sehen wir aus dieser Stelle — und damit kommen wir zur Beantwortung der oben aufgestellten Frage — daß diese Mittel verschieden sind, indem bald eine Berathung auf einem allgemeinen Concil vorhergeht, bald die in der Welt zerstreute Kirche befragt wird, bald andere Mittel, welche die göttliche Vorsehung darbietet, angewendet werden.

Wer entscheidet über die Auswahl dieser Mittel in jedem einzelnen Falle? — Der Papst offenbar allein in letzter und höchster Instanz, ganz so wie er allein das Recht und die Befugniß hat, eine allgemeine Kirchenversammlung zu berufen.

Welche Bestimmungsgründe hat er aber hierbei? Wonach richtet er sich bei Auswahl der Mittel? — Darüber sagt das Decret nur das Eine, daß er sich dabei richten muß nach den Umständen der Zeit und nach der Lage der Sache, ohne weiter in das Einzelne einzugehen.

Hier ist nun Alles ebenso vernünftig wie sachgemäß. Diese natürlichen Mittel, welche den unfehlbaren Entscheidungen der Kirche vorhergehen, mögen sie durch den Mund des Papstes allein erfolgen oder durch allgemeine Concilien, sollen dazu dienen, das zu erkennen, was der heiligen Schrift und der apostolischen Tradition entsprechend ist. Diese Mittel müssen also vernünftiger Weise auch verschieden sein nach der größern oder geringern Schwierigkeit der Streitfrage, welche vorliegt, und nach den Umständen der Zeit. Da können die verschiedensten Fälle eintreten, welche eine ganz verschiedene Behandlung fordern. Es kann sich handeln um Entscheidung einer einfachen Glaubenslehre oder um Entscheidung sehr verwickelter und schwieriger Controversen. Es kann sich aber auch darum handeln, Lehren der Kirche, welche schon oft entschieden sind, über die sich vielleicht schon allgemeine Concilien ausgesprochen haben, auf einen vorliegenden Streitfall anzuwenden. Es kann sich um Fragen handeln, bei denen die Tradition der Kirche in zahllosen Zeugnissen der vergangenen Jahrhunderte, in den Werken der Väter, in Particularconcilien, in den Werken der größten Theologen klar und deutlich vorliegt, und wiederum um andere Fragen, die noch nicht eine so eingehende Behandlung gefunden haben. Es können Zeiten eintreten, wo einer Vereinigung der Bischöfe kein Hinderniß im Wege steht, und wieder andere, wo die Versammlung eines allgemeinen Concils in mehreren Jahrhunderten fast unmöglich wird, wie z. B. in den letzten drei Jahrhunderten durch die Stellung, welche die Staatsgewalt der Kirche gegenüber eingenommen hat. Da müssen also auch vernünftiger Weise verschiedene Wege eingeschlagen werden, um die apostolische Tradition zu ermitteln. Eine gleichförmige Behandlung aller dieser möglichen Fälle wäre eine Herrschaft der Form im Widerspruch mit der Vernunft, mit den Bedürfnissen der Kirche und dem Geiste eines lebendigen Lehramtes.

Ist aber die Auswahl dieser verschiedenen Mittel deßhalb etwa willkürlich, weil sie in letzter Instanz vom Oberhaupt der Kirche abhängt? — Auch das kann nur behaupten, wer von Mißverständnissen beherrscht ist und den Geist der Kirche nicht kennt. Der Papst ist dabei vielmehr, trotzdem daß ihm die letzte Entscheidung zukömmt, vielfach gebunden.

Er ist dabei zunächst und vor Allem durch die Natur der Sache gebunden. Er muß für den vorliegenden Fall gerade die Mittel anwenden, welche zur Constatirung der apostolischen Tradition nach „den Zeitverhältnissen und der Lage der Sache" die passendsten sind. Das ist nicht willkürlich, sondern vernünftig. Nur einer todten Kirche könnte Gott ein anderes Gesetz mit einer bleibenden starren Form auferlegt haben.

Er ist zweitens durch die achtzehnhundertjährige Tradition der Kirche und des apostolischen Stuhles insbesondere gebunden. Es wird daher der Papst die Mittel nach denselben Grundsätzen auswählen, nach welchen die Oberhirten der Kirche in den vergangenen Jahrhunderten sich gerichtet haben.

Er ist drittens bei der Auswahl dieser Mittel an die von Christus seiner Kirche gegebene Einrichtung gebunden. Hiernach ist der Papst zwar der oberste Lehrer, Zeuge und Richter in der Kirche, aber nicht der einzige; vielmehr hat Christus auch die Apostel und ihre Nachfolger, in Einheit mit Petrus und in Unterordnung unter ihn, zu Lehrern, Zeugen und Richtern bestellt und auch ihnen seinen und des heiligen Geistes Beistand verheißen für alle Tage bis an das Ende der Welt. An diese göttliche Ordnung ist also der Papst gleichfalls gebunden, obgleich ihm nach derselben göttlichen Ordnung die letzte Entscheidung darüber zusteht, in welchen Fällen und in welcher Ausdehnung er den Beirath seiner Brüder in Anspruch zu nehmen habe, in welchen Solches nicht nothwendig ist, sowie in welcher Form er ihn einholen will.

Wenn es daher auch jetzt entschieden ist, daß die Entscheidungen ex cathedra an sich unabänderlich sind; wenn es ferner auch gewiß ist, daß die letzte Entscheidung über die Mittel, welche vorher angewendet werden müssen, ihm überlassen ist, so ist damit nicht im Mindesten gesagt, daß er in dieser Hinsicht eine willkürliche Macht habe.

Namentlich ist also der Grundsatz, daß das Oberhaupt der Kirche bei besonders wichtigen Fragen den Episcopat zu Rath ziehen soll und daß schwierige Glaubensentscheidungen in der Regel nur auf allgemeinen Concilien stattfinden, durch die gegenwärtige Entscheidung nicht im Mindesten berührt. Das vaticanische Concil hat nur ausgesprochen, daß die päpstlichen Entscheidungen ex cathedra aus sich selbst unfehlbar sind, nicht aber in welchen Fällen solche Entscheidungen ohne Mitwirkung eines allgemeinen Concils eintreten sollen, vielmehr hängt hier Alles, wie es ausdrücklich sagt, von den Zeitumständen und der Lage der Sache ab. So wie das vaticanische Concil keine neuen Lehren, sondern nur die alten, von den Aposteln ererbten Lehren verkündigte, so hat es auch bezüglich der Art und Weise, wie diese alte Lehre sich im Lehramte der Kirche kundgibt, keine neuen Zustände geschaffen. So gewiß daher die Lehre, daß der ex cathedra lehrende Papst in seinen Entscheidungen unfehlbar ist, die alte Lehre ist, ebenso gewiß ist es, daß die päpstliche Lehrgewalt auch in Zukunft in der altererbten Form und Weise wird geübt werden.

Wir wollen diesen Abschnitt über die Frage, wie und wann der Papst seine Lehrvollmacht, ex cathedra zu sprechen, übt, mit zwei Bemerkungen beschließen.

Erstens ergibt sich aus der bisherigen Darstellung, wie diese Auffassung von der Natur der päpstlichen Unfehlbarkeit allen Bedürfnissen der Kirche zur Reinerhaltung der ihr anvertrauten Lehren der göttlichen Offenbarung und ebenso den Thatsachen der Geschichte entspricht. Die Kirche ist die Grundsäule der Wahrheit. Sie ist unfehlbar nicht durch die Menschen, welche zu ihr gehören, sondern **durch Christus selbst**, welcher in ihr gegenwärtig ist, und durch den **heiligen Geist**, den Geist der Wahrheit, welcher ihr als bleibende Gabe verliehen ist. Christus wirkt aber in seiner Kirche durch die von ihm bestellten Hirten und Lehrer, und zwar in verschiedener Form, nach den verschiedenen Bedürfnissen und Verhältnissen. Bald spricht Christus zu uns durch ein allgemeines Concil, bald durch die Aussprüche des Oberhauptes allein. In schwierigen Fällen versammeln sich alle Hirten um ihr gemeinsames Oberhaupt, in andern Fällen nicht. Mag aber der Papst allein die Entscheidung geben, oder alle Hirten der Kirche mit ihm: immer ist es nur der Beistand des heiligen Geistes, der ihre Aussprüche unfehlbar macht; ist Christus es, der durch das kirchliche Lehramt spricht.

So hat die Kirche immer gehandelt. Mag auch die Schule bezüglich einiger Thatsachen, welche Jahrhunderte hinter uns liegen und vielfacher Deutung fähig sind, gegen die Lehre von der Unfehlbarkeit päpstlicher Entscheidungen ex cathedra einzelne Bedenken erhoben haben; diese Bedenken haben die Päpste nicht abgehalten, immer, wo es nothwendig war, solche Entscheidungen zu erlassen, und sie haben die Bischöfe und Gläubigen nicht abgehalten, sich ihnen freudig zu unterwerfen.

Zweitens erhellt aus dieser Darstellung, wie unbegründet die Ansicht jener ist, welche behaupten, daß die gegenwärtige

Entscheidung über die Lehrgewalt des Papstes die Abhaltung allgemeiner Concilien unnöthig mache.

Man sagt: Die Unfehlbarkeit lasse sich ja nicht vermehren. Wozu also zu dem unfehlbaren Urtheile des einen Papstes, noch das Urtheil vieler Bischöfe? Auch seien alle Berathungen und weitläufige Untersuchungen ja ganz unnöthig, wenn das Urtheil des einzigen Papstes unfehlbar sei.

Der letzte Einwurf beruht eben auf der Verwechselung der Inspiration mit dem göttlichen Beistande bei den Lehrentscheidungen der Kirche, wovon wir früher sprachen, und würde, wenn er begründet wäre, gerade so die allgemeinen Concilien treffen wie die Urtheile des Papstes. Mit demselben Grund könnte man dann auch sagen, daß die Unfehlbarkeit der Concilien jede weitläufige Berathung und Untersuchung unnöthig mache.

Gegen den anderen Einwand, daß jedenfalls diese Lehre die allgemeinen Concilien unnöthig mache, ist erwidert worden, daß durch allgemeine Concilien die Aussprüche des Papstes eine erhöhte Feierlichkeit und dadurch eine größere Wirksamkeit erhielten. Daran mag etwas Wahres sein. Diese Erklärung trifft aber offenbar nicht den Grund der Sache. Es ist und bleibt wahr, daß ein unfehlbares Urtheil sich nicht wesentlich potenziren lasse. Das Unfehlbare ist selbst die höchste Potenz. Was hinzu kömmt, ist also nur eine formelle Beigabe, gewisser Maßen eine schönere Urkunde, durch welche das Urtheil verkündet wird. Wenn die Concilien nichts anderes wären, dann bliebe allerdings die Werthschätzung, welche sie im ganzen Verlaufe der Kirchengeschichte gefunden haben, kaum zu erklären. Wenn man dann beifügt, daß die Concilien noch den Nutzen hätten, die Aussprüche des Papstes weiter zu begründen, oder sie eingehender zu erklären, so ist nicht abzusehen, warum das nicht auch die Bischöfe außer dem

Concil oder die Theologen mit demselben Erfolge thun könnten. Eine wahrhaft hinreichende Erklärung für die Bedeutung der Concilien finden wir auch darin nicht.

Diese Schwierigkeit verschwindet aber, sobald wir das Vorhergesagte festhalten, daß nämlich nur die Kirche unfehlbar ist durch den heiligen Geist, welcher in ihr wohnt, und daß dieser bald durch den Papst allein, bald durch den Papst in Verbindung mit den übrigen Bischöfen zu uns spricht, wie es Christus in der Kirche angeordnet hat, und wie es die Natur der Sache, die Bedürfnisse der Kirche und die Umstände der Zeit erfordern. Gewiß hätte Christus auch ohne alle vorhergehende menschliche Untersuchung die Urtheile der Hirten der Kirche unfehlbar machen können, wie bei den Propheten des alten Bundes; gewiß hätte er auch dem Papst allein einen solchen göttlichen Beistand gewähren können. Seine göttliche Weisheit wählte aber einen anderen Weg. Er schließt die menschliche Thätigkeit niemals aus, sondern fordert sie vielmehr in ihrer vollen Ausdehnung zur Erfüllung seiner göttlichen Pläne und er gewährt uns neben den letzten und höchsten Gründen des Glaubens auch die natürlichen und vernünftigen Gründe zur Befestigung desselben durch die große Zahl der Zeugen seiner Lehre, welche er im Hirtenamte bestellt hat. Nach dieser göttlichen Weisheit ist das Lehramt der Kirche eingerichtet und so entspricht es in der That allen Bedürfnissen, sowohl der Kirche wie der menschlichen Natur.

IV.

Grenzen und Bedingungen der unfehlbaren Lehrentscheidungen des Papstes.

Die Grenzen und die Bedingungen der unfehlbaren Lehrentscheidungen des Papstes sind schon in der bisherigen Auseinandersetzung vielfach erörtert. Dennoch mag es nützlich sein, sie noch einmal hier zusammen zu stellen, um durch diese Zusammenstellung recht anschaulich zu machen, wie unbegründet die Behauptung ist, daß die Lehre von der Unfehlbarkeit päpstlicher Entscheidungen ex cathedra eine schrankenlose Lehrvollmacht in sich schließe. Nichts ist unberechtigter und abgeschmackter als das. Die Lehrvollmacht des Papstes beschränkt sich vielmehr auf einen ganz bestimmten Kreis von Lehrentscheidungen; auf den Kreis, welcher nothwendig ist, um die übernatürliche Offenbarung und das Sittengesetz rein und unverfälscht für die Menschen zu bewahren.

Um die Grenzen der päpstlichen Lehrautorität hier noch einmal zur Anschauung zu bringen, wollen wir sie mit den natürlichen Grenzen, welche jede von Menschen geübte Autorität hat, namentlich mit denen der weltlichen Rechtspflege vergleichen. Zu einem giltigen Rechtsspruch gehört erstens, daß der Richter competent sei zur Sache, die er entscheidet; zweitens, daß er den Gegenstand nach der Verschiedenheit der Fälle untersuche und den Thatbestand durch Zeugen und andere Beweis=mittel constatire; drittens, daß er die Entscheidung treffe nach den bestehenden Gesetzen, und viertens, daß er sie in der gesetzli=chen Form und als Richter erlasse. Alle diese Anforderungen eines giltigen Urtheiles sind zugleich Beschränkungen und Bedin=gungen für den Richter und es wäre eine Thorheit von einem Richter, der an diese Bedingungen gebunden ist, zu sagen, er habe eine unumschränkte Gewalt. Alle diese Beschränkungen und Bedingungen finden sich aber auch bei den unfehlbaren Aus=sprüchen des Oberhauptes der Kirche.

Der Papst muß erstens zur Sache selbst competent sein, um ein unfehlbares Urtheil fällen zu können, d. h. es muß sich um eine Lehre handeln, die zur übernatürlichen Offenbarung gehört, die wir von Christus durch die Apostel erhalten haben, wie das vaticanische Concil sagt. Die bereits citirten Worte sind so klar wie möglich: „denn Petri Nachfolgern ist der heilige Geist nicht versprochen, um durch dessen Offenbarung neue Lehren kund zu geben, sondern um durch dessen Beistand die von den Aposteln überlieferte Offenbarung oder den anvertrauten Glaubensschatz heilig zu bewahren und treu auszulegen." Das sind die Gren=zen der Competenz päpstlicher unfehlbarer Aussprüche. Was außer ihnen liegt oder nicht nothwendig zu ihnen gehört, ist ihnen nicht unterworfen.

Er muß zweitens alle Mittel anwenden, welche nöthig sind, um den Thatbestand der Streitfrage vollkommen aufzuklä=ren; um festzustellen, was in Hinsicht ihrer „der heiligen Schrift und der apostolischen Tradition entsprechend" ist. Diese Mittel haben einen ähnlichen Zweck, wie die Constatirung der That=sachen bei bürgerlichen Rechtsstreitigkeiten. Sie sind aber ver=

schieden nach der Verschiedenheit der Fälle. Auch bei kirchlichen Entscheidungen kann es daher vorkommen, daß eine kurze Instruktion hinreicht, weil der Fall notorisch, oder weil er schon wiederholt untersucht und entschieden ist.

Der Papst muß **drittens** entscheiden nach den göttlichen Gesetzen. Der Richter macht nicht das Gesetz; er wendet es nur an. Das Maß nach welchem er mißt und richtet, ist gänzlich unabhängig von seinem Willen; das ist ihm gegeben. Die Richtschnur ist nicht von ihm; er wendet sie aber auf den gegebenen Rechtsfall an. In diesem Urtheile aber ist der menschliche Richter dem Irrthum unterworfen. Hier liegt nun die Aehnlichkeit und die Verschiedenheit. Auch das dogmatische Urtheil des Papstes ist beschränkt durch das göttliche Gesetz, sowohl durch das göttliche Vernunft- und Naturgesetz, wie durch das übernatürliche Gesetz des Glaubens und der Sitten. Der Papst hat nicht die mindeste Gewalt über das göttliche Gesetz. Er kann nicht ein Jota an demselben ändern. Der Papst hat zwar, wie das Concil von Florenz sagt, die plenitudo potestatis, aber nur innerhalb der Grenzen des göttlichen Gesetzes, nicht über dasselbe hinaus. Auch das Urtheil des Papstes ist also lediglich eine Anwendung des göttlichen Gesetzes auf den Fall, der entschieden werden soll. Wie der menschliche Richter entscheidet, was nach dem bürgerlichen Gesetze in einem Rechtsstreite Rechtens ist, so entscheidet der von Christus bestellte oberste Lehrer und Glaubensrichter, was nach der göttlichen übernatürlichen Offenbarung in einem Glaubensstreite wahr ist, welche Lehre der apostolischen Lehre entspricht und welche ihr widerspricht. Bei dieser Anwendung des göttlichen Gesetzes genießt der Papst aber jenes übernatürlichen Beistandes, wodurch sein Urtheil unabänderlich und unfehlbar wird. Sein Urtheil ist nicht, wie das des bürgerlichen Richters der Möglichkeit des Irrthums unterworfen. Dieser Beistand ist freilich, insofern er über den Kräften der Natur liegt, etwas Uebernatürliches, aber auch bei den unfehlbaren Entscheidungen eines Concils ist ganz dasselbe der Fall, da ihre Untrüglichkeit nicht in der Berathung Vieler liegt, sondern allein in dem Beistande Gottes. Ob aber Gott viele Menschen oder einen bei seinen Entscheidungen vor Irrthum bewahrt, ist gleich übernatürlich.

Die vierte Bedingung, welche der Papst wie der Richter erfüllen muß, damit sein Ausspruch rechtsverbindlich sei, ist die rechtsgiltige Form. Der Richter kann in seinem Privat- und in seinem öffentlichen Leben zahllose Urtheile und Meinungen aussprechen, die für Niemanden verpflichtend sind; nur für jene wenigen Entscheidungen, bei denen auch die gesetzliche Form gewahrt ist, kann er eine Verpflichtung in Anspruch nehmen. Ganz ähnlich ist es wieder mit den Lehrentscheidungen des Papstes. Gewiß haben die Belehrungen des Oberhauptes der Kirche für jeden Gläubigen der Kirche ein großes Gewicht, aber nicht alle können den Anspruch erheben, daß wir uns ihnen gläubig unterwerfen. Nur jene Lehrentscheidungen, welche ihrer ganzen Form nach Aussprüche ex cathedra sind und die früher angeführten Merkmale an sich haben, sind unabänderlich und unfehlbar. Dabei müssen wir aber wohl bemerken — und das ist eine weitere wesentliche Beschränkung — daß das Unabänderliche und Unfehlbare in solchen Lehrentscheidungen ex cathedra, ganz so wie bei den Entscheidungen der allgemeinen Concilien, sich auf die Glaubensentscheidung selbst, auf die Sentenz im eigentlichen Sinne, auf die *definienda* doctrina, wie das vaticanische Concil mit Nachdruck hervorhebt, beschränkt, und sich nicht auf das, was ihr in der betreffenden Urkunde vorhergeht oder nachfolgt, erstreckt. Auch hier findet sich eine Aehnlichkeit mit weltlichen Urtheilen, bei denen nur die Sentenz, nicht aber die Motive rechtsgiltig sind. Es ist daher ganz unstatthaft und im vollen

Widerspruch mit der Wahrheit, wenn man jetzt den Schein verbreitet, als ob die entschiedene Lehre nothwendig dazu führe, Alles, was in solchen Urkunden steht, für Glaubenslehre zu halten. Nur völlig Unwissende können solche Absurditäten behaupten.

So vielfach ist also die Unfehlbarkeit päpstlicher Entscheidungen beschränkt, so irrig ist die Behauptung, daß die entschiedene Lehre eine absolute Gewalt des Papstes begründe.

Obwohl aber das magisterium infallibile des Oberhauptes der Kirche vielfach beschränkt ist, indem alle Lehren, welche nicht zur apostolischen Tradition gehören, davon ausgenommen sind; indem es ferner auch die natürlichen Mittel anwenden muß, um die apostolische Tradition zu erforschen; indem es endlich lediglich befugt ist, nach dem ihm gegebenen natürlichen und übernatürlichen göttlichen Gesetze die Streitfrage zu entscheiden und sich der entsprechenden Form bedienen muß, so liegt es doch in dem Wesen jeder höchsten Gewalt, daß bezüglich der Gegenstände ihrer Competenz sie nicht wieder einer andern höhern Gewalt unterworfen ist. Das Urtheil des Papstes in Glaubenssachen ist daher in der Kirche nothwendig das höchste und nur Gott unterworfen, weil der Papst eben das Oberhaupt der Kirche ist und über dem Oberhaupte kein menschliches Oberhaupt mehr gedacht werden kann. Die letzte Garantie für die Nichtüberschreitung seiner Machtbefugnisse ist und bleibt daher eine Glaubensgarantie, die sich auf den göttlichen Schutz und die göttliche Leitung der Kirche gründet. Wie wir daher den letzten Glaubensgrund selbst auf Gott zurückführen, so müssen wir auch die letzte Garantie für die Nichtüberschreitung der rechtmäßigen von Gott gesetzten Grenzen der Lehrgewalt auf einen Glaubensgrund zurückführen, auf die übernatürliche Leitung Gottes. Oder mit anderen Worten: Derselbe Gott, der das Urtheil der Hirten der Kirche auf allgemeinen Concilien oder das Oberhaupt der Kirche bei den höchsten Lehrentscheidungen vor Irrthum bewahrt, derselbe Gott bewahrt auch sowohl die Bischöfe auf dem Concil, als das Oberhaupt selbst vor dem Mißbrauch dieser höchsten Gewalt.

V.

Verhältniß der Entscheidung des vaticanischen Concils über das unfehlbare Lehramt des Papstes zur apostolischen Tradition.

Wenn die katholische Kirche nur unfehlbar ist bezüglich jener Wahrheiten, welche die Kirche als ein ihr anvertrautes himmlisches Gut von Christus durch die Apostel erhalten hat, in welchem Verhältniß steht dann diese neue Entscheidung zu der apostolischen Tradition? Behaupten wir etwa, daß der Satz von dem unfehlbaren Lehramte des Papstes mit denselben Worten und mit derselben Klarheit schon von den Aposteln gelehrt worden sei? In welchem Sinne lehren wir, daß die Glaubensentscheidungen allgemeiner Concilien nichts Neues seien, sondern nur die alte christliche Lehre aussprechen; und in welchem Sinne können wir zugeben, daß sie auch etwas Neues enthalten?

Ohne über diese Frage klar zu sein, können wir eigentlich gar nicht mit den Gegnern des Concils fertig werden. Denn wenn sie, um die Richtigkeit seiner Entscheidung anzuerkennen, von uns den Nachweis verlangen, daß diese Lehre ganz so, wie sie jetzt entschieden worden ist, immer gelehrt worden sei, so fordern sie Etwas, was wir nie als berechtigt zugeben können, noch zugeben werden. Die Behauptung, die Kirche könne nichts zu glauben vorschreiben, was nicht in der Offenbarung, die wir von Christus und den Aposteln empfangen haben, enthalten ist, hat einen doppelten Sinn und so lange wir diesen Sinn nicht auseinander halten, streiten wir mit unsern Gegnern über ein verschiedenes Object.

Das vaticanische Concil selbst gibt uns hierüber an verschiedenen Stellen klar und einfach die Lehre der Kirche an. In der dogmatischen Constitution „über den katholischen Glauben" spricht das Concil im vierten Kapitel „vom Glauben und der Vernunft." Gegen Ende dieses Kapitels zeigt es wie Glaube und Vernunft sich nicht nur nie widersprechen können, sondern sich vielmehr gegenseitig unterstützen; indem die Vernunft die Grundlagen des Glaubens nachweist und durch das Glaubenslicht erleuchtet die Wissenschaft der göttlichen Dinge auferbaut, während auf der anderen Seite der Glaube die Vernunft von Irrthümern befreit, sie beschützt und zugleich mit vielfachen Erkenntnissen ausstattet. Das ist das wahre Verhältniß zwischen Vernunft und Glaube. Darauf beruht die ganze christliche Wissenschaft im Verlaufe der christlichen Jahrhunderte. Daraus folgt, wie das Concil weiter ausspricht, daß die Kirche weit davon entfernt ist, die Pflege menschlicher Wissenschaft und Kunst zu hindern, daß sie aber ebenso nicht dulden kann, daß die Vernunft ihre Grenzen überschreitend in das Glaubensgebiet verwirrend hinübergreife. „Denn die Glaubenslehre, welche Gott geoffenbart hat, ist nicht wie ein erdachtes philosophisches Lehrsystem, dem Menschengeiste zu weiterer Vervollständigung zugewiesen, sondern als eine göttliche Hinterlage von Christus seiner

Braut übergeben, um sie treu zu hüten und in untrüglicher Weise auszulegen."

Hier haben wir die doppelte Aufgabe des Lehramtes der Kirche ausgesprochen: Erstens die Kirche behütet treu die Wahrheiten, welche wir von Christus durch die Apostel erhalten haben. In dieser Hinsicht ist sie die von Christus selbst bestellte Zeugin der Lehre Jesu Christi. Deßhalb hat Christus zu den Aposteln gesagt: „Ihr werdet empfangen die Kraft des heiligen Geistes der über euch kommt und ihr werdet mir Zeugen sein ... bis an das Ende der Welt [1])." Sie ist aber nicht Zeugin todter Wortformen, die Christus gesprochen hat, sondern sie ist Zeugin einer Lehre voll Geist und Leben. Und darum ist es zweitens ihre Aufgabe, diese Lehre Christi in untrüglicher Weise auszulegen; sie ist Lehrerin der Offenbarung, sie erklärt den wahren Sinn der Lehre Jesu und muß sich dazu der Sprache und der Worte bedienen, welche nach der Verschiedenheit der Völker und der geistigen Entwickelung der Menschheit angemessen sind. Das sind die zwei Seiten des kirchlichen Lehramtes: bezeugen und erklären. Es lehrt, was Christus gelehrt hat, und es erklärt diese Lehre, nach den Bedürfnissen der Zeit. Die Lehre bleibt immer dieselbe; dagegen findet bezüglich der Erklärung und Deutlichkeit der Lehre ein Fortschritt statt.

Das Concil beschließt deßhalb diesen Abschnitt mit folgenden Worten: „Folglich muß man auch immer die Auslegung der Heilslehre festhalten, welche unsere heilige Mutter die Kirche einmal gegeben hat und niemals darf man von dieser Auslegung unter dem trügerischen Vorgeben einer tieferen Ergründung abgehen. So möge denn zunehmen und weit und mächtig fortschreiten im Einzelnen wie in der Gesammtheit, in jedem Men-

---

[1]) Apostelgeschichte 1, 8.

schen, wie in der ganzen Kirche mit der Entwickelung der Zeiten und der Jahrhunderte Einsicht, Wissenschaft und Weisheit, aber nur innerhalb derselben Art, nämlich so, daß weder das Dogma noch dessen Sinn und Bedeutung verändert wird." Das Concil bedient sich hier zum Schlusse der berühmten Worte des Vincenz von Lerin, die nun schon vor vierzehn Jahrhunderten geschrieben sind und uns die ganze dogmatische Entwickelung in der Kirche und der kirchlichen Wissenschaft so schön vor Augen stellen: ein immer fortschreitendes Leben, eine immer fortschreitende Entwickelung und doch wieder eine immer sich gleich bleibende Einheit der Wahrheit. Diese Einheit in ihrem Wesen und dieser Fortschritt in ihrer Entfaltung und Erkenntniß nach den Bedürfnissen der Zeit finden wir in der ganzen Kirchengeschichte, namentlich auf den großen Concilien. Dasselbe gilt auch von dem gegenwärtigen Concil bezüglich der Lehrautorität des Papstes.

Ueber diese doppelte Aufgabe des Lehramtes der Kirche bezüglich der ihr von Christus anvertrauten Wahrheiten spricht sich das vaticanische Concil auch in der Stelle der Constitution über die Kirche im vierten Kapitel, die wir schon öfter betrachtet haben, mit einer kleinen Verschiedenheit des Ausdruckes aus. Wie es dort heißt: Christus habe jene göttliche Hinterlage seiner Braut übergeben, „um sie treu zu behüten und in untrüglicher Weise auszulegen," so heißt es hier, der heilige Geist sei den Nachfolgern Petri verheißen, nicht neuer Offenbarungen wegen, sondern damit sie die von den Aposteln erhaltene Offenbarung „heilig bewahren und treu auslegen."

Da aber die Wahrheit, daß die Kirche nicht immer mit denselben Worten dasselbe lehrt, sondern auch den Sinn der Worte lebendig erklärt, und daß also in dieser Hinsicht allerdings eine Veränderung stattfindet, für unseren Gegenstand überaus wichtig ist, so wollen wir hierüber aus alter und neuer Zeit noch einige wichtige Zeugen vernehmen. Sie sollen den Grundsatz feststellen, daß innerhalb des kirchlichen Bewußtseins Keiner das Recht hat, für eine auf einem allgemeinen Concil erlassene dogmatische Entscheidung den wissenschaftlichen Beweis zu fordern, daß die Lehre geradeso, wie sie jetzt gelehrt wird, in allen Jahrhunderten und von allen Lehrern der Kirche ausdrücklich und mit derselben Klarheit vorgetragen wurde. Dieser Beweis wird von den meisten katholischen Stimmen gefordert, die sich gegen das Concil erhoben haben. Der Standpunkt, den diese Männer aber einnehmen, ist durchaus unkatholisch und mit einer lebendigen, durch übernatürlichen Beistand geleiteten Lehrautorität unverträglich.

Hören wir zuerst aus der ältesten Zeit, nämlich aus dem fünften Jahrhundert, den eben erwähnten Vincenz von Lerin. Nachdem er in seinem berühmten Commonitorium zuerst weitläufig die Wahrheit erörtert hat, daß der Glaube immer derselbe bleibe, sagt er: „Aber vielleicht wird Jemand sagen, so findet also in der Kirche Christi kein Fortschritt der Religion statt? Allerdings soll es einen solchen geben und zwar einen sehr großen. Wer könnte in der Mißgunst gegen die Menschen und zum Mißfallen Gottes so weit gehen, um das verhindern zu wollen? Jedoch so, daß es wahrhaft ein Fortschritt im Glauben sei und keine Veränderung. Zum Fortschritt gehört es nämlich, daß jede Sache in sich selbst entwickelt, zur Veränderung aber, daß Etwas aus Einem in ein Anderes umgestaltet werde." Nachdem er dann die Worte, welche auch das vaticanische Concil anführt und wir bereits oben gegeben haben, beigefügt, vergleicht er diesen Fortschritt, der das Wesen des Glaubens nicht verändert, mit dem Menschen in seinen verschiedenen Lebensaltern und fährt fort: „Was immer daher auf diesem Acker der Kirche Gottes der Glaube unserer

Väter gesäet hat, ganz dasselbe muß der Fleiß ihrer Kinder ent=
wickeln und bewahren; ganz dasselbe soll blühen und heranreisen,
ganz dasselbe soll gedeihen und sich vollenden. Es ist daher
Recht, daß jene alten Glaubenssätze dieser himmlischen Philoso=
phie im Laufe der Zeit ausgebildet, gefeilt und abgerundet wer=
den; aber Unrecht wäre es, sie zu verändern, Unrecht, sie zu
beschneiden und zu verstümmeln. Sie sollen nämlich an Klar=
heit, Licht und Durchsichtigkeit zunehmen und gleichzeitig ihre
Fülle, ihre Unversehrtheit und ihre Eigenthümlichkeit beibehalten."
Er geht dann auf das Unrecht jener über, welche von
diesem Gesetze der Entwickelung abweichen, indem sie die
Lehre selbst verändern, und beschließt diesen Abschnitt mit
den schönen Worten: „Die Kirche Christi aber, die sorgsame
und vorsichtige Hüterin der bei ihr niedergelegten Glaubens=
wahrheiten, ändert nie etwas an ihnen, sie vermindert nichts
und vermehrt nichts, sie schneidet das Nothwendige nicht ab und
fügt nichts Ueberflüssiges hinzu, sie verliert nicht das Ihrige und
maßt sich nicht Fremdes an, sondern ist mit allem Fleiße auf
das Eine bedacht, durch treue und weise Behandlung des Alten
das auszubilden und abzurunden, was schon von Alters her vor=
gebildet und begonnen war; das zu befestigen und zu bestätigen,
was schon ausgesprochen und entwickelt, und das zu bewahren,
was schon bestimmt und entschieden ist. Was endlich hat sie
Anderes durch die Entscheidungen der Concilien bewirkt, als
daß, was man früher einfach glaubte, später eifriger ge=
glaubt; was man früher mit weniger Nachdruck predigte,
später mit größerm Nachdruck gepredigt; was man früher
ruhig in Besitz hatte, nun mit größerer Sorglichkeit ausgebildet
wurde? Das allein und nichts anderes hat die katholische Kirche,
durch die Neuerungen der Irrlehrer dazu veranlaßt, auf ihren
Concilien gethan, daß sie nämlich, was sie früher von den Vor=

fahren durch die Tradition allein erhalten hatte, später den Nachkommen gleichsam handschriftlich einhändigte ¹).“

Aus dem Mittelalter wollen wir den heiligen Bonaventura und den heiligen Thomas von Aquin über die Frage hören, wie der Glaube seinem Gegenstande nach derselbe bleibt und doch eine weitere Erklärung finden kann.

Nachdem der Erstere ²) bemerkt hat, daß man an den einzelnen Glaubensartikeln dreierlei betrachten könne: erstens die natürliche Wahrheit, welche ihr nothwendig vorausgehe; zweitens die übernatürliche Wahrheit, welche der Artikel selbst unmittelbar enthalte; und drittens die nothwendigen Folgerungen, welche sich aus demselben ergeben, handelt er zunächst von dem apostolischen Glaubensbekenntniß. Dann geht er dazu über, von den Zusätzen zu sprechen, welche das apostolische Glaubensbekenntniß in dem Nicänischen und Athanasianischen Glaubensbekenntniß gefunden hat, und gibt die beiden Gründe an, weßhalb sie nothwendig gewesen seien: erstens um den Glauben vollständiger zu erklären (ad fidei majorem explanationem), und zweitens um die Irrlehren zu verwerfen (ad haeresum confutationem). Er zeigt dann im Einzelnen, wie die Zusätze durch die Irrthümer der damaligen Zeit nothwendig geworden waren. So habe man gegen die Manichäer die Worte: „Ich glaube an Gott“ erklärt durch: „Ich glaube an Einen Gott;“ die weitern: „Den Schöpfer Himmels und der Erde“ durch den Zusatz: „Der sichtbaren und der unsichtbaren Dinge“ u. s. w. Daraus erhelle, daß diese Glaubensbekenntnisse nicht überflüssig seien und daß doch das Glaubensbekenntniß der Apostel dadurch nicht verkleinert sei, denn obgleich in diesem der Glaube hinreichend für das

---

1) Commonit. c. 23. al. 28—32.
2) Lib. III. Sent. d. 25. a. 1. q. 1. concl.

eigentliche und einfache Glaubensbekenntniß enthalten sei, so wäre es doch zweckdienlich gewesen, Einiges zur weiteren Erklärung beizufügen, um dadurch die Verkehrtheit der Irrlehren abzuweisen.

Später[1]) stellt er sich ausdrücklich die Frage, ob der Glaube zugenommen habe in Bezug auf die Zahl der Glaubenssätze, und antwortet: „Der Glaube konnte durch die erfolgte Vermehrung der Glaubensartikel nicht zunehmen, obwohl er bezüglich der Erklärung seines Inhaltes zugenommen hat." Er erläutert dann diesen Satz, indem er sagt: Man könne in einem doppelten Sinn von einer Vermehrung des Glaubensgegenstandes reden: erstens bezüglich der Aufstellung neuer Glaubensartikel und zweitens bezüglich der Erklärung ihres Inhaltes. In erster Hinsicht könne nie zugestanden werden, daß der Glaube eine Vermehrung seinem eigentlichen Gegenstande nach gefunden habe, im zweiten Sinn dagegen habe er allerdings im Fortschritte der Zeit zugenommen, weil, was zu einer Zeit einschließlich und gleichsam in Einem Artikel geglaubt, später auseinander gelegt und in mehrere Glaubenssätze unterschieden wurde.

Damit stimmt auch der heilige Thomas von Aquin überein, wenn er sagt, die Wahrheit des Glaubens sei in der Lehre Christi und der Apostel genügend erklärt. Trotzdem sei aber im Verlaufe der Zeit eine Erklärung des Glaubens gegen die auftauchenden Irrthümer nothwendig geworden, weil verkehrte Menschen die apostolische Lehre und die übrigen Lehren und Schriften zu ihrem eigenen Verderben mißdeuteten[2]).

Nachdem wir diese gewichtigen Zeugen für die katholische Lehre aus früheren Jahrhunderten gehört haben, wollen wir noch einen Zeugen aus neuerer Zeit und zwar aus Deutschland

---

1) L. c. a. II. q. 1.
2) II. II. q. 1. a. 10. ad 1.

vernehmen, dessen Gewicht von allen Seiten zugestanden wird, nämlich unseren berühmten Lehrer des Kirchenrechtes, **Reiffenstuel**. Er macht sich den Einwand[1]), daß ja bereits im apostolischen Glaubensbekenntniß der Glaube hinreichend ausgesprochen sei und deßhalb seien die andern Glaubensbekenntnisse überflüssig. Ob es nicht verkehrt sei zu behaupten, daß die Apostel, welche vom heiligen Geist erfüllt waren, ein ungenügendes Glaubensbekenntniß, welches nicht den Glauben vollständig enthalte, verfertiget hätten. Darauf antwortet er: „Obgleich im apostolischen Glaubensbekenntniß der Glaube für das eigentliche und einfache Bekenntniß des Glaubens hinreichend enthalten war, so war es doch im Verlaufe der Zeit, weil ungelehrte, unverständige und verkehrte Menschen die im apostolischen Glaubensbekenntniß enthaltene Lehre, wie auch die heilige Schrift selbst zu ihrem eigenen Verderben entstellten, wie schon der heilige Petrus in seinem zweiten Briefe sagt, nothwendig, Concilien zu versammeln, um auf ihnen nach dem Beispiel der Apostel den Glauben gegen die auftauchenden Irrlehren zu erklären, diese Erklärungen des Glaubens in kurzen und bündigen Sätzen zusammenzufassen und in sofern neue Glaubensbekenntnisse aufzustellen; nicht als ob das apostolische Glaubensbekenntniß für das eigentliche Bekenntniß des Glaubens ungenügend gewesen, sondern zur größern Klarheit und um die entstandenen Irrthümer ausdrücklich auszuschließen und zu überwinden." Aus dieser Lehre, fährt er weiter fort, scheint aber zu folgen, daß also in der That im Verlaufe der Zeit neue Glaubensartikel entstanden seien, was doch mit den Worten des Apostels in Widerspruch stehe: „Ein Herr, Ein Glaube[2])" und er

---

[1]) Lib. I. Decret. Tit. 1. §. 4. n. 66.
[2]) Ephes. 4, 5.

antwortet dann mit Bezugnahme auf die Worte des heiligen Thomas und des heiligen Bonaventura, wieder in derselben Weise: die Glaubensartikel seien vermehrt nicht ihrem wesentlichen Inhalte nach, denn der Gegenstand des Glaubens und der Glaubensartikel sei wesentlich immer derselbe, sondern nur ihrer weitern Entfaltung und dem ausdrücklichen Bekenntnisse nach. „Denn, fügt er bei, was wir nach einer feierlichen Definition unserer heiligen Mutter der Kirche, der es zusteht, die heilige Schrift bei entstehenden Zweifeln zu erklären und die Glaubenscontroversen zu entscheiden und welche bei diesen Entscheidungen wegen des besondern Beistandes des heiligen Geistes nicht irren kann, vollständiger belehrt, ausdrücklich glauben, das war einschließlich enthalten in andern Glaubenswahrheiten oder Glaubensartikeln. Daraus folgt, daß der Glaube seinem Wesen nach sich nie ändert, und daß auch die Glaubensartikel im Verlaufe der Zeit wesentlich nie zugenommen haben, sondern nur in Bezug auf ihre deutlichere Erklärung und auf die Art, sie ausdrücklich zu bekennen."

Diese Auffassung von der Unveränderlichkeit der Glaubenslehre der Kirche und von der Aufgabe ihres Lehramtes ist nun auch in der heiligen Schrift selbst in der klarsten und deutlichsten Weise ausgesprochen. In zwei Punkten, welche bezüglich der Verbreitung der Offenbarung in der Welt die eigentlich grundlegenden sind, steht der Protestantismus mit der heiligen Schrift, auf die er sich doch allein stützen will, in offenbarem Widerspruch: erstens bezüglich der Mittel, welche Christus nach dem Zeugniß der heiligen Schrift erwählt hat, um seine Lehre zu verbreiten, und zweitens bezüglich des Gegenstandes der Lehre, welche verbreitet werden soll. Bezüglich der Mittel, welche Christus erwählt hat, sagt uns die heilige Schrift, daß nicht durch todte Bücher, sondern durch die Predigt, durch die Apostel und ihre Nachfolger das Evangelium über die ganze Welt verbreitet werden sollte. Alle vier Evangelien und alle Briefe der Apostel geben hiervon Zeugniß. Sie alle stellen uns ein lebendiges, von Christus beauftragtes Lehramt zur Verbreitung seiner Lehre unter den Menschen klar und deutlich vor Augen. Bezüglich des **Gegenstandes**, welchen dieses Lehramt verkünden soll, sagt uns ebenso die heilige Schrift, daß es nicht der Inhalt eines bestimmten Buches oder eine unveränderliche, immer sich gleich bleibende todte Wortformel war, sondern der Gesammtinhalt der Lehre Christi selbst. „Lehret sie Alles halten, sprach Christus zu den Aposteln, was ich euch befohlen habe[1];" nicht, was einige Wenige von euch davon aufschreiben werden. Deßhalb sagte er ihnen abermals, daß der heilige Geist sie Alles lehren und sie an Alles erinnern werde, was immer er ihnen gesagt habe[2]. Zu diesem Zwecke versprach er ihnen, daß er immer bei ihnen bleiben werde, bis an das Ende der Welt, und daß der heilige Geist sie zur Erfüllung dieses Auftrages befähigen werde. Diese Verheißungen und Aussprüche sind erfüllt im lebendigen Lehramte der katholischen Kirche und in ihnen liegen alle die Momente, die wir bisher an demselben hervorgehoben haben: **erstens**, daß es die Lehre Christi vorträgt nach ihrem ganzen Umfange, nicht blos so weit sie in den Worten der heiligen Schrift ausdrücklich enthalten ist; **zweitens**, daß es bei entstehenden Streitigkeiten den wahren Sinn der Lehre Jesu erklärt; und **drittens**, daß es in diesem Amte durch göttlichen Beistand unfehlbar ist, oder mit anderen Worten, wie wir sie oben aus dem vaticanischen Concil citirt haben, daß es die ihm anvertrauten Wahrheiten treu bewahrt und unfehlbar erklärt.

---

1) Matth. 28, 20.
2) Joh. 14, 26.

Aus diesen Grundsätzen ergibt sich nun von selbst die Beantwortung der Frage, welche wir in der Ueberschrift dieses Abschnittes aufgestellt haben: nämlich in welchem Sinne wir nach der Lehre der Kirche behaupten müssen, daß die Entscheidung des vaticanischen Concils nichts Anders enthalte als die von den Aposteln ererbte Lehre, und in welchem Sinne wir hinwiederum anerkennen dürfen, daß sie etwas Neues enthalte. Alt und apostolisch ist die Lehre selbst, neu ist die durch die entstandenen Zweifel hervorgerufene authentische und ausführliche Erklärung derselben. Bisher war noch nicht entschieden, ob die Beweise, welche aus der heiligen Schrift und aus den Urkunden der Ueberlieferung für die Unfehlbarkeit der höchsten Lehraussprüche des Papstes angeführt werden, nur in dem Sinne verstanden werden dürften, welcher jetzt entschieden ist, oder ob auch eine andere Deutung noch statthaft sei. Daher kam es, daß, wenn auch die Vertreter der Lehre, welche jetzt entschieden ist, die Mehrzahl bildeten, doch noch andere Deutungen, z. B. in der Fassung der Gallikaner einzelne Vertreter hatten. Seitdem nun aber das Lehramt der Kirche entschieden hat, ist der wahre Sinn der Schrift und Erblehre in unfehlbarer Weise erklärt und deßhalb müssen innerhalb der Kirche Christi diese Controversen verschwinden.

Daraus ergibt sich aber noch eine wichtige Folgerung über die Art und Weise der Beweisführung für diese Lehre aus der Schrift und Tradition und der Bekämpfung derselben. Es kann hier in doppelter Hinsicht gefehlt werden.

Die Einen fehlen, indem sie für diese Lehre, wie sie jetzt exponirt ist, einen so evidenten Schrift= und Traditionsbeweis fordern, wie er nur dann gefordert und erbracht werden könnte, wenn alle Lehren der Kirche immer mit derselben Klarheit und Ausführlichkeit in allen Jahrhunderten gelehrt worden wären. Wir wollen hier gar nicht untersuchen, ob und inwieweit ein solcher geführt werden kann, ob alle denkbaren Schwierigkeiten, welche vielfach aus Thatsachen abgeleitet werden, die uns selbst ihren Umständen nach nur höchst unvollkommen bekannt sind, während eben von diesen Nebenumständen die Fällung eines vollkommen sichern Urtheils abhängig ist, mit einer Evidenz, welche jeden Widerspruch unmöglich macht, gelöst werden können. Wir behaupten nur, daß nach der katholischen Auffassung nie ein so evidenter Beweis als Bedingung der Lehrentscheidung der Kirche gefordert werden darf. Das wäre nur berechtigt, wenn nicht blos die Offenbarung in Allem und für Alle absolut klar wäre, sondern wenn auch alle Quellen und Zeugnisse der Offenbarung eine solche evidente Klarheit für Alle hätten, daß eine verschiedenartige Deutung derselben unmöglich wäre. Dann hätten wir freilich keine lehrende Kirche und kein Lehramt mehr nothwendig. Das wäre aber in Wirklichkeit doch nur dadurch möglich gewesen, daß Gott diesen übernatürlichen Beistand, den er jetzt der Kirche gewährt, um sie vor Irrthum zu bewahren, jedem einzelnen Menschen verliehen, und mithin Alle unfehlbar gemacht hätte. Die Natur einer Lehre dagegen, welche zwar ihrem Wesen nach immer dieselbe bleibt, aber nicht von Anfang an in allen Theilen in evidenter Deutlichkeit vorliegt, bringt es nothwendig mit sich, daß bezüglich der geschichtlichen Zeugnisse ein gewisses Dunkel und ein gewisses Schwanken in der Deutung ihres Sinnes herrschen kann, so lange eine authentische Erklärung desselben durch das unfehlbare Lehramt noch nicht erfolgt ist. Sonst wären ja solche Zweifel in der Auffassung der Dogmen nie möglich gewesen, wie sie nach dem Zeugnisse der Geschichte den dogmatischen Entscheidungen der Kirche selbst unter den Rechtgläubigen oftmal vorangegangen sind.

Andere fehlen aus demselben Grunde nicht selten nach

der entgegengesetzten Seite. Wenn jene einen absolut klaren Beweis fordern, um die Zulässigkeit einer dogmatischen Entscheidung anzuerkennen, so behaupten diese, einen solchen absolut zwingenden Beweis liefern zu können. Indem sie aber mehr behaupten, als sie behaupten müssen, kommen sie dann in Gefahr, nicht beweisen zu können, was sie behaupten, und die Gegner ziehen daraus Vortheil, um die Sache selbst zu bekämpfen, während der Fehler nur in der falschen Methode der Vertheidiger liegt. Die Behauptung der absoluten Klarheit der gesammten Tradition bezüglich aller Glaubenssätze steht eigentlich auf derselben Linie mit der reformatorischen Behauptung der absoluten Klarheit des Wortes Gottes. Jede von der Kirche definirte Lehre hat in Schrift und Tradition ihren festen Grund. Es wird daher stets möglich sein nachzuweisen, daß der von der Kirche gelehrte und erklärte Sinn der Offenbarung mit dem Geiste und mit dem Worte der heiligen Schrift und ebenso mit der gesammten Tradition übereinstimmt. Die unfehlbare Gewißheit aber für den wahren Sinn der Worte der heiligen Schrift und der Zeugnisse der Tradition liegt nicht in ihnen, sondern im unfehlbaren Lehramte der Kirche. Ohne dieses unfehlbare Lehramt würde Rede und Gegenrede über den wahren Sinn der Schrift wie der Erblehre nie ein Ende nehmen.

VI.

Verhältniß des unfehlbaren Lehramtes des Papstes zur Unfehlbarkeit der Kirche.

Dieses Verhältniß wird sich von selbst deutlicher ergeben, wenn das Concil seine Arbeit vollenden und die ganze Constitution über die Kirche verkünden wird. Gott hat es zugelassen, daß die Arbeiten des Concils durch große Weltereignisse gewaltsam unterbrochen worden sind. In seinen heiligen Rathschlüssen ist es auch verborgen, wann sie fortgesetzt und vollendet werden können. Jedenfalls wird die Zeit kommen, wo das vaticanische Concil die ganze Lehre von der Kirche erklären wird: dann werden von selbst viele Mißverständnisse, welche jetzt bezüglich des ersten Decretes verbreitet sind, verschwinden[1]). Da aber auch in den

---

1) Das war ein Hauptgrund für mich, mich vor der letzten öffentlichen Sitzung zu entfernen. Ich hielt den Erlaß eines Decretes bedenklich, welches nur einen Theil der Lehre von der katholischen Kirche behandelte und deßhalb, wie ich fürchtete, in Ländern, wie jene, welche ich zunächst im Auge hatte, leicht zu Mißdeutungen führen konnte. Es mag hier an der Stelle sein, auch die anderen Gründe, welche mich be-

bisherigen Entscheidungen des Concils sich schon die wichtigsten
Anhaltspunkte finden, um das Verhältniß zwischen der Unfehl-

---

stimmten, an der letzten öffentlichen Sitzung keinen Antheil zu nehmen,
anzugeben, da dieser Schritt vielfach in einer Weise gedeutet worden ist,
welche wenigstens mit meinen Motiven nichts zu thun hat. Meine
Gründe waren einfach diese. Es durfte in dieser Sitzung nur mit Placet
oder Non-Placet gestimmt werden, ohne jegliche weitere Motivirung. Ich
konnte bei dieser endgiltigen Entscheidung unmöglich mit Non-Placet
stimmen, weil ich dadurch den Schein auf mich geladen hätte, ein Gegner
der Lehre von der Unveränderlichkeit der höchsten Lehrentscheidungen des
Oberhauptes der Kirche zu sein. Da ich dieser Lehre mit voller Entschiedenheit beistimmte, da ich überdies aus ganzer Seele die Ueberzeugung
theile, welche Melchior Canus vor drei hundert Jahren mit den
Worten ausgesprochen hat: „Das aber versichere ich und versichere es
mit voller Zuversicht, daß jene in der Kirche pestartiges Verderben und
Unheil anstiften, welche entweder leugnen, daß der römische Papst dem
Petrus in der Autorität bezüglich des Glaubens und der Lehre nachge-
folgt sei, oder behaupten, daß der höchste Hirte der Kirche, wer immer
es sein möge, in seinem Urtheilsspruch über den Glauben fehlen könne.
Beides thun nämlich die Irrlehrer. Jene aber, welche ihnen in Beidem
widersprechen, sieht man in der Kirche als Katholiken an. Deßhalb
begreife ich nicht, weßhalb einige Gläubige lieber die Ansichten der Irrlehrer als der Katholiken begünstigen wollen" (Loc. theol. l. VI. c. 7.)
— so mußte ich, um nicht mein Gewissen zu verletzen, diesen Schein
meiden.

Ich glaubte aber auch nicht mit Placet stimmen zu sollen, weil ich erstens
einen solchen Beschluß für inopportun hielt; weil ich zweitens zur Ver-
meidung von Mißverständnissen einige Zusätze wünschte und weil ich
drittens aus demselben Grunde, wie bereits oben bemerkt, der Meinung
war, daß die Lehre von der Kirche in ihrer Vollständigkeit und nicht
theilweise von dem Concil der Welt verkündet werden müsse. Daher
glaubte ich auch am Entsprechendsten zu handeln und am Meisten meinem
Gewissen zu genügen, indem ich mich der Abstimmung enthielt, fest entschlossen, der Entscheidung des Concils mich unbedingt zu unterwerfen.

barkeit der Kirche und dem Lehramte des Papstes klar zu machen, so wollen wir diese Untersuchung nicht umgehen.

Die Worte der Constitution, daß der Papst bei Entscheidungen ex cathedra vermöge des göttlichen Beistandes „mit jener Unfehlbarkeit ausgerüstet ist, womit der göttliche Erlöser seine Kirche in Entscheidung einer Lehre über den Glauben oder die Sitten ausgestattet haben wollte," haben wir oben in Bezug auf den Gegenstand und den Umfang der Unfehlbarkeit des Papstes betrachtet und daraus erkannt, daß diese Lehrgewalt die Grenzen der Unfehlbarkeit der Kirche nie überschreiten kann. Wir müssen dieselben Worte aber jetzt noch von einer anderen Seite betrachten, um über das Verhältniß der unfehlbaren Lehraussprüche des Papstes zu der Unfehlbarkeit der Kirche weiteren Aufschluß zu erhalten.

Zunächst erhellt aus diesen Worten, daß es in der Kirche nur eine Unfehlbarkeit gibt und daß folglich die Vorstellung unstatthaft ist, als ob es in der Kirche gewissermaßen mehrere, von einander unabhängige Unfehlbarkeiten geben könne, z. B. im Papste eine andere und in den Bischöfen auf den Concilien wieder eine andere.

Ueber die Frage aber, wie wir uns diese Unfehlbarkeit in der Kirche näher denken können, wer in ihr der eigentliche Träger der Unfehlbarkeit und wer hinwiederum das Organ derselben ist, lassen sich folgende Anschauungen denken, welche auch ihre Vertreter mehr oder weniger haben oder gehabt haben.

Erstens das Oberhaupt der Kirche sei der ausschließliche Träger des göttlichen Beistandes, wodurch die Kirche vor Irrthum bewahrt wird. In dieser Auffassung wäre also gewisser Maßen die Kirche selbst nur mittelbar und indirect unfehlbar, nämlich durch ihr Oberhaupt. Zweitens die Kirche sei zwar Trägerin der Unfehlbarkeit, aber der Papst sei das einzige Organ, wodurch sie von dieser göttlichen Gabe Gebrauch machen könne und die Bischöfe seien es nur mittelbar durch Theilnahme an dieser Prärogative des Oberhauptes. Drittens die Bischöfe allein auch ohne den Papst, ja über dem Papst, könnten als Organe der Kirche unfehlbare Entscheidungen geben. Viertens die Kirche selbst sei kraft ihrer unauflöslichen Vereinigung mit Christus und dem heiligen Geiste unfehlbar und sie bethätige diese ihre Unfehlbarkeit durch die von Christus eingesetzten Organe des kirchlichen Lehramtes, je nach den Bedürfnissen der Kirche und der Leitung der göttlichen Vorsehung, bald durch vom Oberhaupte der Kirche allein ausgehende Lehrentscheidungen, bald durch die Lehrentscheidungen allgemeiner Concilien, in welchen der gesammte Episcopat mit dem Oberhaupte der Kirche in untheilbarer Einheit zusammenwirkt.

Die dritte der angegebenen Meinungen[1]) ist ohne Zweifel häretisch und daher nicht weiter zu beachten.

---

1) Es scheint dieß wirklich die Meinung einiger Gallikaner des XV. Jahrhunderts gewesen zu sein. Dieselbe beruhte zumeist auf einem falschen Sinne, den man mit dem Worte Kirche verband. Versteht man nämlich unter diesem Worte das, was der Apostel darunter verstand, als er sprach: „Die Kirche ist die Säule und Grundfeste der Wahrheit," nämlich die Kirche in der Totalität ihres Organismus und in ihrer unauflöslichen Verbindung mit Christus und dem heiligen Geist, so kann man mit voller Wahrheit die Kirche als die Trägerin der Unfehlbarkeit bezeichnen. Versteht man dagegen unter Kirche die Gemeinschaft der Gläubigen und legt man dann dieser Kirche, im Unterschied vom Papste und den Bischöfen, die Vollmachten und Verheißungen bei, welche Christus dem Lehramte der Kirche gegeben hat, so stürzt dieses die göttliche Verfassung der Kirche um. Die Kirche als die Gesellschaft der Gläubigen aufgefaßt, darf nie und nimmer eine Trägerin der Unfehlbarkeit genannt werden. Wenn dieses behauptet würde, so würde daraus folgen, daß Christus der Ge-

Die erste und zweite Anschauung halten wir für ungenügend und mißverständlich; wir geben der vierten Auffassung entschieden den Vorzug.

Dieselbe scheint uns dem Sinne der heiligen Schrift und der Ueberlieferung, den Lehraussprüchen der Kirche, insbesondere auch den Aussprüchen des vaticanischen Concils selbst am Besten zu entsprechen und alle hier in Betracht kommenden Wahrheiten am Vollkommensten zu vereinigen.

Der heilige Paulus nennt die Kirche des lebendigen Gottes die Säule und Grundfeste der Wahrheit[1]). Das ist aber die Kirche, wie alle Ausleger hier bemerken, nur dadurch, daß sie unfehlbar ist. Nur diese Gabe macht sie im

---

meinschaft aller Gläubigen das unfehlbare Lehramt übertragen habe und daß der Papst und die Bischöfe nur die Repräsentanten und Bevollmächtigten der Gläubigen seien. Wie sehr durch diese Vorstellung das ganze Wesen der Kirche umgekehrt wird, liegt zu Tage. Es ist die Einführung des Principes der Volkssouveränetät in die Kirchenverfassung. Die heilige Schrift und die ganze alte Tradition widerspricht ihr auf das Entschiedenste. Sie bezeugen klar und deutlich, daß Christus alle Vollmachten des Lehramtes wie der Kirchengewalt überhaupt nicht der Gemeinschaft aller Gläubigen übertragen hat, sondern dem Petrus und den übrigen Aposteln. Diese sind daher nicht von der Gemeinschaft der Gläubigen, sondern von Christus selbst als seine Organe, als seine Werkzeuge in dem dreifachen Amte bestellt, die offenbarte Wahrheit zu lehren, die Sacramente zu spenden und die Kirche zu leiten. Nur in dem erstgenannten, nicht aber in dem zuletzt genannten, durchaus verwerflichen Sinne sagen wir also, daß die Kirche die Trägerin der Unfehlbarkeit ist, insoweit nämlich Christus und der heilige Geist in ihr gegenwärtig ist und von der Assistenz des in ihr gegenwärtigen Gottes alles Uebernatürliche in ihr herkömmt; während Papst und Bischöfe in dem von Gott selbst geordneten Verhältnisse die Organe, die Werkzeuge dieser göttlichen Kraft in ihr sind.

1) I Tim. 3, 15.

vollen Sinne des Wortes auf Erden zu einer Säule, zu einer Grundfeste der Wahrheit. Das ist denn auch allgemeine Lehre und allgemeiner Glaube, daß eben die Kirche selbst unfehlbar sei. Die Theologen finden den Grund davon darin, daß Christus und sein heiliger Geist mit der Kirche in ihrer Totalität unauflöslich verbunden ist.

Damit stimmt auch die erste dogmatische Constitution des vaticanischen Concils vom katholischen Glauben überein. Dort heißt es im dritten Kapitel: „Weil es aber ohne Glauben unmöglich ist, Gott zu gefallen und zur Gemeinschaft seiner Kinder zu gelangen, deßhalb ist ohne denselben nie Jemanden die Rechtfertigung zu Theil geworden, noch wird Jemand, wenn er nicht bis an das Ende im Glauben beharrt, das ewige Leben erlangen. Damit wir jedoch der Pflicht, den wahren Glauben anzunehmen und standhaft in ihm zu beharren, nachkommen können, hat Gott durch seinen eingebornen Sohn die Kirche gestiftet und sie mit offenkundigen Merkmalen seiner Stiftung versehen, auf daß sie von Allen als Wächterin und Lehrerin des geoffenbarten Wortes erkannt werden könnte. Denn nur der katholischen Kirche ist Alles das eigen, was von Gott in solcher Fülle und so wunderbar geordnet ist, um die Glaubwürdigkeit der christlichen Religion augenscheinlich zu machen. Ja, die Kirche ist schon an und für sich wegen ihrer wunderbaren Ausbreitung, vorzüglichen Heiligkeit und unerschöpflichen Fruchtbarkeit an allem Guten, wegen ihrer katholischen Einheit und unüberwindlichen Dauer, ein großartiger und beständiger Beweisgrund ihrer Glaubwürdigkeit und ein unwiderlegbares Zeugniß für ihre göttliche Sendung."

Hier wird also zuerst die Nothwendigkeit des Glaubens ausgesprochen und dann die Kirche selbst als jene Anstalt hingestellt, wodurch uns der Glaube leicht und möglich wird. Dazu hat Christus die Kirche gegründet, dazu hat er sie ausgestattet mit offenbaren Kennzeichen, so daß sie von Allen als Bewahrerin und Lehrerin der Offenbarung erkannt werden kann. Nur die Kirche vereint Alles in sich, was Gott Wunderbares gethan hat, um die Glaubwürdigkeit der christlichen Religion evident zu machen. Ja, die Kirche ist durch ihre Verbreitung, durch ihre Heiligkeit, durch ihre Fruchtbarkeit, durch ihre Einheit selbst der große und dauernde Beweisgrund ihrer Glaubwürdigkeit und ein unantastbares Zeugniß ihrer göttlichen Sendung. So ausgerüstet steht die Kirche da als ein Zeichen, aufgerichtet unter allen Völkern und ladet die Einen zum Glauben ein und gibt den Andern das festeste Unterpfand, daß ihr Glaube der wahre ist. Alle diese erhabenen tiefwahren Aussprüche haben nur dann ihre volle Bedeutung, wenn die Kirche selbst die Trägerin der Unfehlbarkeit ist.

Dafür sprechen auch die bereits oben angeführten Worte der zweiten vaticanischen Constitution über das unfehlbare Lehramt des Papstes: Romanum Pontificem, cum ex cathedra loquitur, *ea infallibilitate pollere, qua divinus Redemtor Ecclesiam suam* in definienda doctrina de fide vel moribus *instructam esse voluit.*

Denn hier ist klar ausgesprochen, daß Christus **seine Kirche selbst** mit der Unfehlbarkeit ausgerüstet hat, und zwar mit der activen Unfehlbarkeit, da sie ja eben in Entscheidung von Lehren, die den Glauben und die Sitten betreffen, als unfehlbar bezeichnet wird. Und diese Unfehlbarkeit der Kirche wird sodann als der Grund und das Maß der Unfehlbarkeit des päpstlichen Lehramtes bezeichnet.

Zur Bestätigung des Gesagten wird es dienlich sein, wenigstens die wichtigsten Stellen der heiligen Schrift über das kirchliche Lehramt und die ihm gegebenen Verheißungen hier noch kurz zusammen zu stellen.

Die einen sind an die mit Petrus vereinigten Apostel, also an beide in ihrer Einheit gerichtet. Hierher gehört erstens die Stelle, wo Christus vor seiner Himmelfahrt zu ihnen redet: „Mir ist alle Gewalt gegeben im Himmel und auf Erden. Darum gehet hin und lehret alle Völker und taufet sie im Namen des Vaters und des Sohnes und des heiligen Geistes und lehret sie Alles halten, was immer ich euch befohlen habe, und siehe ich bin bei euch alle Tage bis an das Ende der Welt[1].“ Hierher gehört auch die Stelle bei Markus: „Gehet hin in die ganze Welt und prediget das Evangelium allen Geschöpfen. Wer da glaubt und sich taufen läßt, wird selig; wer aber nicht glaubt wird verdammt werden[2])“ — da ja eine Pflicht unter Strafe der Verdammung, dem Lehramte der Kirche zu glauben, nur dann begründet sein kann, wenn das Lehramt unfehlbar ist. Hierhin gehören aber vor Allem die Aussprüche des göttlichen Heilandes in seiner Abschiedsrede. Dort sagt er: „Ich will den Vater bitten und er wird euch einen andern Tröster geben, damit er bei euch bleibe in Ewigkeit, den Geist der Wahrheit, welchen die Welt nicht empfangen kann, weil sie ihn nicht sieht und ihn nicht kennt; ihr aber werdet ihn kennen, denn er wird bei euch bleiben und in euch sein[3].“ Ferner: „Der Tröster aber, der heilige Geist, welchen der Vater in meinem Namen senden wird, derselbe wird euch Alles lehren und an Alles erinnern, was immer ich euch gesagt habe[4].“ Ferner: „Wenn aber der Tröster kommen

---

[1] Matth. 28, 18 ff.
[2] Mark. 16, 15 f.
[3] Joh. 14, 16 f.
[4] Joh. 14, 26.

wird, welchen ich euch vom Vater senden werde, der Geist der Wahrheit, welcher vom Vater ausgeht, der wird Zeugniß von mir geben und ihr werdet Zeugniß geben, weil ihr von Anfang bei mir seid [1]." Ferner: „Ich habe euch noch Vieles zu sagen, ihr könnt es aber jetzt nicht tragen. Wenn aber jener Geist der Wahrheit kommen wird, der wird euch alle Wahrheit lehren [2]." Ferner: „Ich bitte aber nicht blos für sie (nämlich für die Apostel), sondern auch für jene, welche durch ihr Wort an mich glauben werden, damit alle Eins seien, wie du, Vater, in mir bist und ich in dir, damit auch sie in uns Eins seien [3]." Auch jene Worte des göttlichen Heilandes, welche uns die Apostelgeschichte aufbewahrt hat, gehören hierher: „Ihr werdet empfangen die Kraft des heiligen Geistes, welcher über euch kommen wird, und meine Zeugen sein in Jerusalem und in ganz Judäa und Samaria und bis an die Grenzen der Erde [4]." Die anderen Aussprüche sind ausschließlich an Petrus als das Oberhaupt der Kirche gerichtet. Es sind die bekannten Stellen, wo Christus zu Petrus sagt: „Du bist Petrus und auf diesen Felsen will ich meine Kirche bauen und die Pforten der Hölle sollen sie nicht überwältigen; und dir will ich die Schlüssel des Himmelreiches übergeben [5]. Ich habe für dich gebeten, daß dein Glaube nicht wanke, und wenn du einst bekehrt bist, so stärke deine Brüder [6]. Weide meine Lämmer, weide meine Schafe [7]."

Aus allen diesen Stellen erhellt erstens, daß in der Kirche

---

1) Joh. 15, 26 f.
2) Joh. 16, 12 f.
3) Joh. 17, 20 f.
4) Apstg. 1, 8.
5) Matth. 16, 28.
6) Luc. 22, 32.
7) Joh. 21, 16 f.

ein Lehramt besteht, welches durch den Beistand des Geistes der Wahrheit selbst unfehlbar ist. Zweitens, daß die Verheißungen, welche Christus dem Oberhaupte der Kirche gegeben hat, nothwendig zur Annahme führen, daß die höchsten Lehrentscheidungen desselben nicht dem Irrthum unterliegen können. Endlich drittens schließen wir aus den Verheißungen, welche Christus allen Aposteln vereint mit Petrus gegeben hat, daß auch sie einen unmittelbaren und directen Antheil an den unfehlbaren Lehraussprüchen der Kirche haben und daß die Vorstellung, daß der Papst allein das Organ der Unfehlbarkeit ist und die Bischöfe lediglich durch ihn, sich mit diesen Verheißungen nicht wohl vereinigen läßt.

Mit dieser Auffassung steht nun die vom heiligen Paulus so herrlich entwickelte Darstellung von der Kirche als dem Leibe Christi in innigster Uebereinstimmung. Die Kirche ist der mystische Leib Jesu Christi, ein großes Geheimniß, in dem sich die Menschwerdung des Sohnes Gottes gleichsam fortsetzt, in dem Göttliches und Menschliches wunderbar verbunden ist und Gott selbst durch menschliche Organe auf Erden fortwirkt bis an das Ende der Tage. Das übernatürliche Leben der Kirche, gewissermaßen ihre Seele, ist Christus selbst und der heilige Geist, von dem alle übernatürlichen Wirkungen sowohl in den heiligen Sacramenten wie im Lehramte der Kirche herkommen. Der sichtbare Leib der Kirche sind die Menschen, welche zur Kirche gehören und zwar nach jener heiligen Ordnung und Unterordnung, wie Christus selbst es in der Kirche angeordnet hat. Diese sichtbare Kirche hat auch ein sichtbares Oberhaupt und sichtbare Hirten, welche zusammen die Kirche Gottes auf Erden regieren, die Sacramente spenden und das zur Reinerhaltung der Offenbarungslehren eingesetzte Lehramt verwalten. Durch dieses Hirten- und Lehramt wirkt also Gott selbst, welcher in der Kirche als Weg, Wahrheit und Leben gegenwärtig ist, alles Uebernatürliche. Er gibt den Handlungen seiner Diener die übernatürliche Wirkung bei Spendung der Sacramente, er bewahrt die höchsten Lehrentscheidungen seiner Diener über den wahren Inhalt seiner Lehre nach der Ordnung, die er eingesetzt hat, vor Irrthum. Er thut dies bald in den betreffenden Fällen durch das Oberhaupt allein, bald wieder in andern Fällen, je nach den Bedürfnissen der Kirche, durch die unter dem Oberhaupte vereinten Lehrer der Kirche auf einem allgemeinen Concil. „Dieses Alles aber," um mit dem Apostel zu reden, „wirket der eine und derselbe Geist, welcher den Einzelnen zutheilt, so wie er will, denn gleichwie der Leib Einer ist und viele Glieder hat, alle Glieder des Leibes aber, gleichwohl sie viele sind, dennoch ein Leib sind, so auch Christus [1]."

Fassen wir nun zum Schlusse das über das Verhältniß der Lehrgewalt des Papstes zur Unfehlbarkeit der Kirche Gesagte in einigen Sätzen zusammen.

Gott allein ist seinem Wesen nach unfehlbar.

Gott wirkt aber auf Erden durch seine Geschöpfe; wie in der Natur, so auch in der Kirche. In der Natur spendet er durch erschaffene Wesen und Kräfte anderen Geschöpfen Dasein, Leben und Bewegung. In ähnlicher Weise spendet er in seiner Kirche den Menschen durch seine Stellvertreter das übernatürliche Leben vermittelst der heiligen Sacramente und die offenbarten Wahrheiten und bewahrt dieselben rein und unverfälscht, damit sie nie aufhören, die wahre Nahrung der Seelen zu sein.

Als Verwalter dieser seiner Geheimnisse hat er in der Kirche das Oberhaupt und die Bischöfe gestellt und er gibt ihnen den nöthigen Beistand, damit sie bei Verkündigung seiner offenbarten Lehre der menschlichen Schwäche nicht unterliegen und sie

---

[1] 1 Cor. 12, 11 f.

unverfälscht und unfehlbar rein erhalten. Gott selbst in der Kirche und der heilige Geist in ihr bewahrt daher bei den höchsten Lehrentscheidungen bald den Papst allein, bald die Bischöfe mit ihm vereint, durch seine göttliche Macht vor Irrthum.

Alles aber, was diese Werkzeuge Gottes in der Kirche wirken, unterliegt dem einen Gesetze, welches der Apostel Paulus mit den Worten ausspricht: „Was hast du aber, das du nicht empfangen hättest? Wenn du es aber empfangen hast, warum rühmst du dich, als hättest du es nicht empfangen [1].“ Gott allein gebührt die Ehre für alle Gnaden, die uns durch seine Diener in der Kirche gespendet werden.

---

1) 1 Cor. 4, 7.

VII.

Gegner der Entscheidung. — Verhältniß dieser Lehre zum Staat.

In diesem letzten Abschnitt unserer Abhandlung wollen wir noch einige Punkte kurz berühren, welche wir nicht ganz unerwähnt lassen können.

Was die Gegner des Concils betrifft, so reden wir hier nur von den deutschen und unter diesen nur von dem Verhalten jener katholischen Gelehrten und insbesondere Theologen, welche offen oder anonym gegen die Unfehlbarkeit der ex cathedra erlassenen päpstlichen Lehrentscheidungen lange vor Eröffnung des Concils aufgetreten sind und auch selbst nach der Entscheidung ihre Opposition fortsetzen.

Wir können die Art und Weise, wie diese Männer ihre Opposition geltend gemacht haben, nur beklagen und tadeln. Sie haben dadurch den gerechten Anforderungen des katholischen Deutschlands an die Lehrer seiner Priester nicht entsprochen und das Vertrauen, welches man sowohl auf ihr Urtheil wie auf ihre Liebe zur Kirche setzte, getäuscht. Wir werfen ihnen nicht vor, daß sie vor der Entscheidung des Concils ihre Bedenken und Einwände vorbrachten; wir werfen ihnen aber die Art und Weise vor, wie sie dieselben geltend gemacht haben; wir werfen ihnen überdies vor, daß sie sich erlaubt haben, eine Lehre, welche in der Kirche die allergrößte Verbreitung hatte und von ihren größten Theologen und den meisten Bischöfen gelehrt und vertheidigt wurde, wie eine Irrlehre oder einen Unsinn zu behandeln.

Wie sehr unterscheidet sich doch diese Opposition der betreffenden deutschen Theologen von der Art und Weise, wie in seiner Zeit Bossuet aufgetreten ist. Wir haben schon im Vorübergehen auf sein Verhalten aufmerksam gemacht. Als Bossuet die gallikanischen Artikel vertheidigte, war es sein erstes Anliegen, der Welt zu zeigen, daß sein Verhalten nicht aus Mangel an Liebe zur Kirche, an Ehrfurcht gegen ihr Oberhaupt oder an treuer Anhänglichkeit an jene großen Principien der Einheit, welche der Primat vertritt, entspringe. Alle seine Schriften beweisen das. Seine Opposition war die eines treuen Sohnes der Kirche. Er war deßhalb bemüht, mit der ihm eigenen Geistesschärfe bei den Controversen, welche er führte, Alles auszuscheiden, was als unbestreitbare Lehre der Kirche feststand. Wer die Schriften Bossuet's liest, wird vielleicht bezüglich der gallikanischen Artikel etwas irre geführt werden, aber seine Liebe zum Primat, seine Liebe zur Kirche und ihrem Oberhaupte, seine Liebe zu den Grundsätzen, welche der Primat vertritt, wird durch dieselben nicht geschwächt, sondern vielmehr im hohen Grade angeregt werden.

O hätte die Opposition in Deutschland einen ähnlichen Charakter gehabt! Hätten die Männer, welche wir in ihrem wichtigen Lebensberufe wahrlich lieber hochschätzen als tadeln möchten, trotz ihrer Opposition, uns den Beweis gegeben, daß sie an warmer Liebe zur Kirche, an Ehrfurcht vor ihrem Oberhaupte

Keinem nachstehen! Sie haben es nicht gethan; sie haben sich an einer Opposition betheiligt, die weit über die Frage von der Unfehlbarkeit des päpstlichen Lehramtes hinausging; welche den Primat, welche die Kirche selbst traf, welche das Oberhaupt der Kirche erniedrigte, ihre Hirten schmähte, die Geschichte der Kirche lästerte, die Feinde der Kirche ermuthigte, und in dem Herzen mancher Katholiken, namentlich unter den Laien, die arglos dem Rufe ihrer Wissenschaft vertrauten, die Liebe zur Kirche, ja selbst den Glauben abschwächte und untergrub. Auch in andern Ländern hat man einiger Maßen gegen diese Entscheidung Opposition gemacht, aber von einigen Ausnahmen abgesehen, in einer Weise, welche von der Opposition dieser deutschen Gegner himmelweit verschieden war. Die Liebe zur heiligen Kirche Gottes, der sie vielfach selbst als Priester angehören, hat sie nicht abgehalten, in Weise der schlechtesten modernen Standalpolemik in anonymen und nicht anonymen Schriften und Zeitungsartikeln vor einem Publikum diese Frage zu behandeln, welches gänzlich außer Stand ist, ein unbefangenes, unparteiisches, gerechtes Urtheil zu fällen, welches durchaus dieselben Vorurtheile, welche es der Lehre von der Unfehlbarkeit päpstlicher Aussprüche entgegenträgt, gegen die Kirche und alle ihre Einrichtungen und Lehren, ja gegen die ganze übernatürliche Ordnung hat. Daß sich Männer der Kirche der „Allgemeinen Zeitung" bedienen konnten zu ihrem Kampfe und sich an das Publikum wenden konnten, für welches die „Allg. Ztg." geschrieben wird, ist eines der beklagenswerthesten und schmachvollsten Ereignisse in der Kirche Deutschlands. Für jeden, welcher nicht durch die äußere Form über die inneren Principien sich täuschen läßt, kann es keinem Zweifel unterliegen, daß es kaum ein Blatt gibt, das nicht blos die katholische Kirche, sondern alles positive Christenthum in so allseitiger, beharrlicher und feiner und eben deßhalb so gefährlicher Weise bekämpft, als diese Zeitung. Während sie hie und da zur Täuschung schwacher Leser auch einem der Kirche und dem Christenthume wohlwollenden Artikel, wenn auch immer seltener, ihre Spalten öffnet, finden die extremsten negativen Richtungen der Gegenwart bis zum entschiedensten Pantheismus und Materialismus, findet selbst die frivolste moderne Romanenliteratur, wenn sie nur Gift und Schmutz in genügend anständiger und eleganter Form verhüllt, ausgiebigste Vertretung und Empfehlung. Und dieses mit dem gesammten Christenthum in Widerspruch stehende Organ haben sich katholische Gelehrte gewählt, um die Kirche vor dem Publikum zu denunciren, welches in demselben seine Gesinnung vertreten sieht. Dort sind sie aufgetreten neben den entschiedensten Gegnern der Kirche, um mit ihnen vereint gegen das Concil zu kämpfen.

Wir haben schon so manche schlechte Allianzen gesehen, aber diese Allianz katholischer Theologen mit ausgesprochenen Feinden des Christenthums übertrifft alle andern an innerer Verwerflichkeit. Und so geht es fort bis heute. Während ein warmes treues Wort für die Kirche und ihr Oberhaupt aus dem Munde dieser Opponenten kaum mehr vernommen wird, setzen sie ihre bittere Polemik sogar mitten unter den höchsten Schmerzen der Kirche fort, in einer Zeit, wo eine der größten Unthaten gegen die Kirche und ihr Oberhaupt vollbracht ward, wo die Herzen aller treuen Kinder der Kirche bluten, wo die Hölle ihr Triumphgeschrei anstimmt. Unter der Rubrik „Unfehlbarkeitsdogma" wird in diesem Augenblick der Kampf gegen die ganze christliche Weltanschauung untergebracht, welcher sonst unter andern Stichworten, die eben geeignet sind, die Zeitgenossen zu bethören, aufzutreten pflegt, und unter dieser Rubrik laufen die Artikel brüderlich neben einander her, ob sie von katholischen Theologen oder von pantheistischen Hegelianern geschrieben sind.

Es haben aber, und damit kommen wir zum zweiten Gegenstand unserer Ueberschrift, jene opponirenden katholischen Gelehrten die katholische Kirche und alle treuen Katholiken nicht bloß dem Zeitgeiste, sondern auch — wie das freilich zu allen Zeiten der Brauch der mit der Kirche zerfallenen Geister war — dem Staate und der Staatspolizei denuncirt. Sie haben die Traditionen jener Canonisten und Staatstheologen wieder aufgenommen, welche zur Zeit des Jansenismus und Febronianismus die katholische Kirche als staatsgefährlich verschrieen und den Staat aufforderten, sie deßhalb zu knechten. So rufen auch sie in die Welt hinaus, daß die Lehre von der Unfehlbarkeit päpstlicher Glaubensentscheidungen staatsgefährlich sei, und daß die Staatsgewalt sich gegen sie schützen müsse [1]).

---

[1]) In dieser Beziehung hat Professor Schulte in Prag in einer so eben erschienenen Schrift fast den Janus überboten. In offenem Widerspruche mit den Erklärungen des vaticanischen Concils, welches die Grenzen der kirchlichen und päpstlichen Unfehlbarkeit ausdrücklich auf die Bewahrung und Auslegung der überlieferten Lehre beschränkt, behauptet er, durch die Declarirung der päpstlichen Unfehlbarkeit sei die „päpstliche Allmacht" für völlig schrankenlos erklärt worden (S. 70). Nachdem er mit einem völlig überflüssigen Aufwande quellenmäßiger Gelehrsamkeit eine Reihe weltbekannter historischer Vorfälle zusammengestellt, welche mit dem Dogma von der Unfehlbarkeit des päpstlichen Lehramtes nichts zu thun und überdies in ihrem Zusammenhang oft eine ganz andere Bedeutung haben, wie ihnen hier beigelegt wird, sucht er die Welt glauben zu machen, daß, weil im Mittelalter Päpste nichtkatholische Fürsten für abgesetzt und die Unterthanen von ihrem Eid gelöst erklärten, deßhalb heute, nach Erklärung der päpstlichen Unfehlbarkeit „evidentermaßen principiell kein nichtkatholischer Landesherr seines Thrones, keine von Nichtkatholiken geführte Regierung ihrer Gewalt, kein Nichtkatholik seines Lebens, seiner Freiheit, seiner Ehre, seines Vermögens als solcher sicher" sei (S. 71). Und findet es darum ganz in der Ordnung, wenn fortan der Staat „ähnliche Eide oder Reverse von den

Nichts ist nun unbegründeter als diese Behauptung.

Die jetzt entschiedene Lehre ist seit Jahrhunderten offen in Deutschland gelehrt und vom Papste ohne Widerspruch geübt worden. Selbst die jetzigen Gegner müssen anerkennen, daß sie wenigstens seit langer Zeit in der katholischen Kirche die weitaus vorherrschende gewesen ist. Sie wurde überall offen gelehrt, in Katechismen, in theologischen Werken, auf Provinzial=Concilien, in der ganzen katholischen Literatur, zu einer Zeit, wo die Staats= gewalt auf dem Höhepunkte ihrer Einmischung in alle katholischen Angelegenheiten stand, und fast Niemanden fiel es ein, in der Ver= breitung dieser Lehre etwas Staatsgefährliches zu finden. Der Grund liegt offen zu Tage: die Lehrgewalt der Kirche wie des Papstes — das wußten und wissen Alle — bezieht sich auf die übernatürliche Offenbarung und nicht auf die Politik, nicht auf neu zu erfindende politische Grundsätze. Gerade die Constitution über das päpstliche Lehramt, welche wir betrachtet haben, zeigt von Neuem, wie unmöglich es nach der Lehre der Kirche ist, staatsgefährliche Grund= sätze in den Bereich päpstlicher Lehrentscheidungen ex cathedra zu ziehen. Es genügt, mit einiger Billigkeit und Redlichkeit, diese Constitution zu prüfen, um das mit voller Evidenz zu erkennen,

---

Katholiken verlange," wie in England! — versteht sich in dem England vor der Katholiken=Emancipation. Niemand, meint er, könne solches „nach den Erfahrungen und Aussprüchen der letzten Decennien als be= fremdend ansehen" (S. 75).

Bis zu welchen Absurditäten kann doch die Leidenschaft hinreißen! Die Schrift ist eine wahre Skandalschrift im schlechtesten Sinne des Wortes und für Skandal geeignet. Sie steht ganz auf derselben Linie mit gewissen Erzeugnissen aus der rongeanischen Blüthezeit. Der Ver= fasser versichert (S. 13) bezüglich seiner bisherigen Anschauung: „Ich habe in einer tiefen Täuschung gelebt." Hoffentlich wird die Zeit kom= men, wo er einsieht, daß er sich vielmehr jetzt in einer sehr „tiefen Täuschung" befindet.

mag man katholisch oder nichtkatholisch sein. Da zudem die Un= fehlbarkeit des Papstes nach dieser ausdrücklichen Erklärung den= selben Gegenstand und dieselben Grenzen hat, wie die Unfehl= barkeit der Kirche, so ist einleuchtend, daß sie nicht staatsgefähr= licher sein kann, wie die Unfehlbarkeit der Kirche selbst. Ueber= dies ist es eine irrige Vorstellung, diese Entscheidung könnte dazu führen, eine Reihe neuer Dogmen zur Entscheidung zu bringen. In dieser Hinsicht besteht ein großer Unterschied zwischen den ersten christlichen Jahrhunderten und der späteren Zeit. Damals mußte die christliche Wahrheit im Gegensatze zu den zahllosen Irrthümern der heidnischen Zeit erst nach und nach genauer formulirt werden. Davon ist jetzt keine Rede mehr. Das ganze christliche Lehrgebäude, wie wir es von Christus und den Aposteln erhalten, ist so bestimmt und so klar von der Kirche ausge= sprochen, daß die ganze dogmatische Thätigkeit sich darauf be= schränken kann, die entstehenden Irrthümer auf Grund früherer und selbst wiederholter Entscheidungen der Kirche abzuweisen, ohne eine neue Lehrentscheidung zu treffen. Darauf wird sich also auch in Zukunft, wie schon bisher, die päpstliche Lehrge= walt beschränken.

Um so weniger kann aber die Kirche daran denken, in die Rechte des Staates einzugreifen, weil sie ja selbst in ihrem ganzen Dasein die Unterscheidung der beiden Gewalten, der geist= lichen und weltlichen, repräsentirt und zur Geltung bringt. Die Kirche hat eigentlich im Grunde als solche und im unmittelbaren Zusammenhang mit dem Dogma nur Ein großes, politisches Prinzip — und das ist wahrlich nicht staatsgefährlich — daß nämlich auch die bürgerliche Gewalt von Gott ist und daß deß= halb auch Gottes Gebot uns verpflichtet, ihr gehorsam zu sein. Wenn dagegen uns immer wieder einzelne Ereignisse aus dem Mittelalter entgegengehalten werden, so ist das nach den vielen

(Erklärungen, welche hierüber gegeben sind, mit einem ehrlichen und redlichen Verfahren kaum mehr vereinbar. Nicht das Dogma der Unfehlbarkeit hat jene Ereignisse hervorgerufen, sondern die Stellung, welche die Anschauung der ganzen christlichen Welt dem Statthalter Christi auf Erden damals einräumte. Wenn alle christlichen Völker in ihm wieder den gemeinschaftlichen geistlichen Vater verehren würden, so könnte Niemand es ihnen wehren, diese Verehrung auch in einer weltlichen Stellung wieder auszudrücken, und Niemand könnte es dem Papste wehren, von dieser, ihm durch die allgemeine Ueberzeugung eingeräumten Stellung Gebrauch zu machen. Das haben die Päpste in der damaligen Zeit gethan. Daß dabei auch Uebergriffe stattfanden, kann nie ausbleiben, so lange Menschen die Geschicke der Menschen auf Erden leiten. Das Alles hat aber mit der Unfehlbarkeit gar nichts zu thuen, wie wir schon daraus erkennen, daß die betreffenden Vorfälle sich zu einer Zeit ereigneten, wo dieselbe noch nicht als Dogma declarirt war. Der Versuch aber, alle Erlasse der Päpste aus dem Mittelalter zu Entscheidungen ex cathedra zu machen, ist ebenso thöricht, wie es ein Beweis großer Unwissenheit ist, wenn alle Theile einer Urkunde, die eine Entscheidung ex cathedra enthält, für dogmatische Entscheidungen ausgegeben werden. Daß aber alle diese Thatsachen und Dokumente, wodurch man die Welt erschrecken, und ihr die Gefahren der vaticanischen Entscheidung greifbar machen will, aus einer Zeit entnommen werden, welche ein halbes Jahrtausend hinter uns liegt, ist für jeden verständigen und billigdenkenden Menschen der beste Beweis, wie nichtig diese Schreckbilder sind.

Dazu kömmt, wenn man nun einmal den Standpunkt der Verdächtigung gegen die Kirche und gegen den Papst bis zur äußersten Grenze festhalten will, daß in der ganzen gegenwärtigen Weltlage und in der Gesinnung aller katholischen Völker die volle Unmöglichkeit eines Uebergriffes auf das politische Gebiet gegeben ist. Die staatlichen Einrichtungen in allen Theilen der Welt sind derart, daß Uebergriffe in die staatliche Ordnung, wie sie diese Gelehrten als Folgen der Unfehlbarkeitserklärung in Aussicht stellen, nur dann möglich wären, wenn der Papst den Willen und die Macht hätte, die ganze politische Ordnung der Welt über den Haufen zu werfen. Solche Gefahren aber aufzufinden, ist in der That mehr kindisch, als Sache eines verständigen Mannes. Wie aber durch die bestehende Staatsordnung, so ist auch durch die offenbare Gesinnung aller Katholiken in den verschiedensten Ländern, welche am öffentlichen Leben sich betheiligen, die Möglichkeit eines Eingriffes in die Selbstständigkeit des Staates ausgeschlossen. Wer die Kundgebung der katholischen Welt und aller treuen Katholiken über die Gestaltung des Verhältnisses zwischen Kirche und Staat betrachtet, kann sich leicht davon überzeugen, wie wenig wir solche Uebergriffe zu befürchten haben. Wollte man aber einen Uebergriff in die Rechte des Staates darin erblicken, daß die Kirche ihre eigene Unabhängigkeit vertheidigt und überhaupt den Grundsatz leugnet, daß der Staatswille, möge er sich durch den Mund eines Autokraten oder einer Majorität aussprechen, die einzige Quelle des Rechtes sei und daß es diesem absoluten Staatswillen gegenüber weder ein natürliches, noch ein historisches, noch ein vertragsmäßiges, noch ein göttliches Recht gebe: dann wäre freilich die Kirche, wie ihr göttlicher Stifter selbst und wie die Apostel, als sie sprachen: man muß Gott mehr gehorchen als den Menschen[1]), der Rebellion schuldig — aber mit ihr jeder Christ, ja jeder recht- und freiheitsliebende Mensch, der an Gott und eine von jeder Willkür unabhängige Wahrheit und Gerechtigkeit glaubt und lieber Alles erdulden will, als gegen sein Gewissen reden und handeln.

---

1) Apostelg. 4, 19.

Aber selbst angenommen, daß die Lehre von der Unfehlbarkeit päpstlicher Entscheidungen alle diese entsetzlichen Gefahren in sich schlösse, so sind doch die Wege verwerflich, welche diese katholischen Denuncianten eingeschlagen haben. Ueber Einen Punkt einiget sich seit dreißig Jahren eine immer mehr wachsende Zahl billiger, einsichtiger Männer aus allen Berufsklassen und Confessionen, daß nämlich die anerkannten christlichen Confessionen von der Freiheit und Selbstständigkeit in Ordnung ihrer eigenen Angelegenheiten nicht ausgeschlossen werden können, welche jetzt auf allen Gebieten zugestanden wird, und daß die Präventiv-Maßregeln, wodurch der frühere Polizeistaat sich gegen alle denkbaren Beschädigungen schützen wollte, wenigstens ebenso gegen die Kirche wegfallen müssen, wie sie gegen alle anderen Individuen und Institutionen im Staate weggefallen sind. An der Durchführung dieser Grundsätze haben seit langen Jahren Staatsmänner, Juristen, Katholiken wie Protestanten, Geistliche und Weltliche auf den verschiedensten Gebieten gearbeitet, und in ihnen finden sie das Unterpfand für den religiösen Frieden der Zukunft. In diesem wichtigen Augenblicke für unser deutsches Vaterland, wo wir dem ersten Reichstage entgegengehen, sehen wir eine entsprechende Bewegung durch alle Theile Deutschlands, und wir können uns der zuversichtlichen und freudigen Hoffnung hingeben, daß sich eine große, starke Partei aus dem Süden und aus dem Norden Deutschlands auf dem ersten Reichstage zusammenfinden wird mit der Forderung, diese Freiheit der Kirche auch in dem Reichsgesetze zu garantiren. Nur wenn das geschieht, werden wir unter den verschiedenen Confessionen Frieden haben, und dieser Friede ist die nothwendige Voraussetzung eines wahrhaft einigen, starken Deutschlands. Gegen diese Richtung, auch Religion und Kirche an dem allgemeinen Rechte theilnehmen zu lassen, kämpft in Deutschland eine Partei voll Ungerechtigkeit und voll Unwahrhaftigkeit. Sie besteht großen Theils aus offenen Feinden des Christenthums und jeder übernatürlichen Religion und sie schämt sich nicht, Fortschritt und Freiheit auf ihre Fahne zu schreiben und zugleich der Kirche Freiheit und Gerechtigkeit vorzuenthalten.

Und was müssen wir jetzt erleben? Mit dieser Partei vereinigen sich jene opponirenden katholischen Gelehrten. Nicht genug, daß wir in dieser ganzen langen Zeit schwerer Kämpfe um die Freiheit der Kirche nie ein begeistertes Wort für dieses Anliegen aus ihrem Munde gehört haben; als ob sie das gar nicht angehe, was dem ganzen katholischen Deutschland so nahe am Herzen lag, wofür so viele katholische Laien, namentlich in der Preußischen Kammer und in anderen öffentlichen Versammlungen, einen so muthigen Kampf kämpften — haben Einige von ihnen schon seit Jahren der entgegengesetzten Richtung sich angeschlossen, und soviel sie konnten, die Freiheit der Kirche wieder rückgängig zu machen gesucht. Sie haben die Lehranstalten der Kirche verdächtigt und angeschwärzt, ja sie haben sogar mitgewirkt, daß Bischöfe verhindert wurden, von ihrem Rechte Gebrauch zu machen und nach ihrem Gewissen solche Lehranstalten zu gründen. Einem der ehrwürdigsten und besten Bischöfe Deutschlands haben sie so das Herz gebrochen. Als aber das Concil bevorstand, haben sie als Rathgeber, als Hoftheologen mündlich und schriftlich die Staatsgefährlichkeit der kirchlichen Richtungen denuncirt und fahren damit fort bis auf den heutigen Tag. Dadurch haben sie aber gezeigt, daß sie nicht nur als Katholiken ihre Pflichten gegen die Kirche vergessen haben, sondern daß ihnen auch ein politisches Verständniß für die Gegenwart abgeht. Wer jetzt noch mit der Polizei gegen die Kirche und die angebliche Staatsgefährlichkeit ihrer Lehren kämpfen will, der weiß nichts von der Zeit und ihren Bedürfnissen.

Das sind große Schmerzen, und nur die Liebe zur Kirche

kann uns veranlassen, ohne jeden Rückhalt offen darüber zu reden. Wir kehren nun zum Schlusse noch einmal zu Vincenz von Lerin zurück, um ihm noch einige Gedanken zu entlehnen, die zugleich eine Schlußbitte an unsere Leser enthalten sollen. Er hat sein Commonitorium nicht, wie es oft ganz irrig aufgefaßt wird, als Norm und Regel für das Verfahren der Kirche selbst und ihr Lehramt geschrieben, sondern, wie er ausdrücklich erklärt, um für sich selbst und Andere die Norm und Regel festzustellen, wodurch der einzelne Gläubige unter den zahllosen Irrthümern der damaligen Zeit in den Stand gesetzt werden sollte, sich vor Irrthümern im Glauben zu bewahren und die reine und unbefleckte Lehre der Kirche zu finden. Solche Regeln waren in den ersten Jahrhunderten um so nothwendiger, weil die Kirche durch ihr Lehramt noch selten gesprochen hatte, und weil zugleich die Zahl der Irrthümer überaus groß war. Im Verlaufe seiner herrlichen Abhandlung kömmt er nun auch auf die Gefahr zu sprechen, welche dem einzelnen Christen daraus erwachsen könne, daß angesehene Lehrer der Kirche selbst plötzlich dem Irrthume verfallen. Er betrachtet dies als eine der schwersten Glaubensprüfungen, denen der gläubige Christ ausgesetzt sein könne. Was er aber hierüber ausspricht, ist so lehrreich und so praktisch für die Gegenwart, daß wir es anführen wollen.

„Wir haben vorher gesagt, so spricht Vincenz von Lerin[1]), daß der Irrthum eines Lehrers in der Kirche Gottes für das Volk eine Versuchung ist und zwar eine um so größere Versuchung, je gelehrter jener war, welcher irrte. Wir haben dies zuerst durch die Autorität der Schrift bewiesen und dann durch Beispiele aus der Kirche, nämlich durch die Erwähnung derjenigen, welche eine Zeit lang für rechtgläubig gehalten wurden, zuletzt

---

1) Cap. 17. al. 23.

aber zu einer Sekte abfielen oder selbst eine Irrlehre aufstellten. Das ist eine überaus wichtige Sache. Sie zu wissen, ist ebenso nützlich, als es nothwendig ist, sie zu beherzigen. Wir müssen sie deßhalb wiederholt durch schlagende Beispiele beleuchten und einprägen, damit alle wahren Katholiken wohl erkennen, daß es ihre Pflicht sei, mit der Kirche die Lehrer aufzunehmen, nicht aber umgekehrt mit den Lehrern den Glauben der Kirche zu verlassen."

Er erwähnt dann zuerst als Beispiel den großen Lehrer Origenes und schildert sein frommes Leben, seine Abstammung aus dem Hause eines Martyrers, seine seltenen Geistesgaben, seine vielen herrlichen Werke u. s. w. und fährt fort: "Und dieser Origenes, so groß und mit so herrlichen Eigenschaften ausgestattet, da er die Gnade Gottes vermessentlich mißbrauchte, da er auf seine Geistesgaben zu viel vertraute und sich selbst zu genügen glaubte, da er mehr als Andere zu wissen vermeinte, da er die kirchlichen Ueberlieferungen und Lehrmeinungen der Alten mißachtend, einige Lehrstücke der heiligen Schrift in neuer Weise auslegte, hat es verschuldet, daß auch auf ihn das an die Kirche gerichtete Wort Anwendung findet: **Wenn ein Prophet in deiner Mitte aufsteht;** und gleich darauf: **So höre nicht die Worte dieses Propheten** und zum Schlusse: **Denn es prüft euch der Herr, euer Gott, ob ihr ihn liebt oder nicht**[1]." Er führt darauf noch das Beispiel von Tertullian an und kömmt dann zu folgendem Schlusse[2]: "Aus diesen so zahlreichen und so wichtigen und aus anderen derartigen schwer wiegenden Beispielen aus der Kirchengeschichte sehen wir daher offenbar und aus den Worten des Deuteronomiums erhellt sonnenklar, daß wenn ein kirchlicher Lehrer vom Glauben abirrt,

---

[1] Deut. 13, 1.
[2] Cap. 19. al. 24 seq.

dies von der göttlichen Vorsehung zu unserer Prüfung zugelassen wird, ob wir in der That Gott lieben aus ganzem Herzen und aus ganzer Seele. Da dem also ist, so ist jener ein wahrer und ächter Katholik, der die göttliche Wahrheit, die Kirche, den Leib Christi liebt, der der göttlichen Religion, dem katholischen Glauben nichts vorzieht, nicht die Autorität irgend eines Menschen, nicht seine Liebe, nicht seinen Geist, nicht seine Beredsamkeit, nicht seine Philosophie, sondern das Alles gering achtend und im Glauben unbeweglich fest stehend, entschlossen ist, nur das festzuhalten und zu glauben, was er als den gemeinschaftlichen alten Glauben der katholischen Kirche erkannt hat. Wovon er dagegen erkennt, daß es von einem Einzelnen allein oder im Widerspruche mit allen Heiligen als neu und unerhört eingeführt ist, das wird er nicht als zur Religion gehörig, sondern vielmehr als zu seiner Prüfung dienlich betrachten, indem er sich namentlich durch die Aussprüche des heiligen Apostels Paulus belehren läßt, welcher in dem Briefe an die Corinther schreibt: „**Es müssen auch Irrlehren unter euch sein, damit die Bewährten offenbar werden unter euch**[1]."

---

[1] I Cor. 11, 19.